Jakob Hitz

Seelsorge an sich selbst

Hänssler-Verlag
Neuhausen-Stuttgart

Dieses Buch ist eine Veröffentlichung der
TELOS-Verlagsgruppe.
TELOS-Taschenbücher und TELOS-Paperback-Ausgaben sind „zielbewußt", wegweisend und biblisch orientiert.
TELOS-Bücher können Sie unbedenklich weitergeben, sie wurden verantwortlich ausgewählt.

ISBN 3 85666 002 X

TELOS-Taschenbuch Nr. 97

Umschlagfoto: Christian Dätwyler
Herstellung: St.-Johannis-Druckerei C. Schweickhardt
763 Lahr-Dinglingen
Printed in Germany 13632/1974

Inhalt

Einleitung

Gibt es wirklich eine Möglichkeit zur Seelsorge an sich selbst? Muß hierfür nicht noch eine andere Person hinzugezogen werden? — In schwierigen Situationen zweifellos! Die vorliegende Schrift bezieht sich aber auf die Seelsorge insoweit, als der Mensch sie an sich selbst üben kann — in vorbeugendem Sinn. Sie erhebt also nicht den Anspruch, in allen Fällen einer seelischen Erkrankung zu genügen. Ihr Ziel ist es vielmehr, auf die Ursachen solcher Leiden aufmerksam zu machen und ihnen so vorzubeugen. Vorbeugen ist auch in dieser Hinsicht besser und leichter als Heilen. Zahlreiche psychische Schädigungen ließen sich umgehen, wenn immer Bedacht darauf genommen würde, das Schädliche zu meiden.

Jesus Christus, der Arzt der Seele

Doch auch in der Seelsorge an sich selbst kommt niemand um die Notwendigkeit herum, eine zweite Person beizuziehen. Ich denke dabei an den großen Arzt der Seele, Jesus Christus, der auch heute noch denen hilft, welche ihn anrufen, sich vor ihm aussprechen und seine befreiende, rettende Kraft in Anspruch nehmen. Er kann in wunderbarer Weise heilen wie damals, als er in Israel wirkte. Auch Sie haben die Möglichkeit, seine Hilfe in Anspruch zu nehmen, sofern Sie das tun, was sich im Krankheitsfall bisweilen aufdrängt. Sie rufen den Arzt, lassen sich von ihm untersuchen, vertrauen seiner Diagnose und tun, was er anordnet, indem Sie z. B. das Bett hüten, die Medikamente einnehmen, Diät halten oder sich der erforderlichen Operation unterziehen. Vor allem aber schenken Sie ihm Ihr Vertrauen und anvertrauen sich ihm.

Ähnlich verhält es sich auch beim Arzt der Seele, Jesus Christus. Seine Hilfe hängt davon ab, ob Sie ihn zu sich rufen im Gebet, ob Sie sich ihm anvertrauen und das tun, was er verordnet. Sie werden sehen, daß Christus allen nahe ist, welche ihn anrufen, daß er niemanden von sich weist, der glaubend und betend zu ihm kommt. Vielmehr schenkt er ihm Ruhe anstelle der quälenden Unruhe, ja Trost, Freude, Frieden und damit die innere Genesung.

Frieden mit Gott

Christus spricht sein wunderbares Machtwort: Friede sei mit euch! Er sagt es so, daß wirklich Frieden im Herzen der Menschen einkehrt, welche ihm vertrauen und all das anvertrauen, was sie bedrückt. Bitten auch Sie ihn täglich und anhaltend um Hilfe. Vielleicht wenden Sie ein, daß Jesus vor mehr als 1900 Jahren in Israel gelebt habe in derart großer Entfernung, und somit unerreichbar sei für Sie. — Weit gefehlt! Er ist nach seiner Kreuzigung auferstanden und lebt — er ist da, ist bei uns alle Tage, auch heute und hier. Er ist auch für Sie erreichbar und sprechbar — im Gebet. Da dürfen Sie ihm alles unterbreiten, was Sie schmerzt. Da hört er auf Sie und löst sein Versprechen ein: »Kommet her zu mir alle, die ihr mühselig und beladen seid, ich will euch Ruhe geben. — Meinen Frieden gebe ich euch.« — Und das benötigen Sie. Achten Sie in diesem Zusammenhang auf die Aussage des Chefarztes einer

Nervenheilanstalt, der einem neu eintretenden, schwerkranken Mann eröffnete: »Lieber Herr, das schlimmste ist, daß Sie keinen Frieden mit Gott haben!« — Ja, das ist das schlimmste. Aber wie können Sie ihn erlangen? — Ein Mensch kann ihn nicht vermitteln. Christus allein kann sagen: »Friede sei mit euch!«

Der Friede mit Gott ist das Element, für das wir Menschen geschaffen sind, wie der Fisch für das Wasser. Nur im Wasser ist es dem Fisch wohl. Außerhalb, an der Luft, leidet er und geht zugrunde. Auch die besten Lekkerbissen, welche ihm angeboten werden, sagen ihm nichts. Er will nur eines – nämlich zurück ins Wasser! So fühlen auch wir Menschen uns nur wohl im Frieden mit Gott. Dafür hat Gott uns bestimmt, daß wir in der Gemeinschaft und im Frieden mit ihm leben. Darin liegt der Sinn unseres Lebens. Hier ist es sinnvoll. Außerhalb dieser Bestimmung aber bleibt es sinnlos.

Es erhebt sich die Frage, weshalb denn dieser Friede in die Brüche gegangen ist. — Wegen unserer Auflehnung gegen Gott und seinen Willen. Damit haben wir Gott fortwährend den Krieg erklärt und haben dadurch viel Schuld und Leid auf uns geladen. Wir sind nicht imstande, den verlorenen Frieden wieder herzustellen, den angerichteten Schaden wieder gutzumachen, die begangenen Verfehlungen zu sühnen und so Gott mit uns zu versöhnen. – Somit haben wir unter diesem friedlosen Zustand zu leiden. Aber auch Gott litt darunter. Auch er sehnte sich nach dem Frieden mit uns und hat deshalb den ersten und entscheidenden Schritt zum Friedensschluß getan — in seinem Sohn Jesus Christus. Christus leistete an unserer Stelle die erforderliche Sühne für unseren Ungehorsam, indem er am Kreuz für uns starb und sein Blut vergoß. Ohne diese Sühne gäbe es keine

Versöhnung und keinen Frieden zwischen Gott und uns Menschen.

Gott hat Frieden geschlossen. Er bietet ihn auch Ihnen an. An Ihnen liegt es, diesen wichtigsten Friedensvertrag der Geschichte zu unterzeichnen, indem Sie Ihre Sünde erkennen, bereuen und bekennen, indem Sie Christus für sein Sühnopfer am Kreuz von Herzen danken und ihm als Ihrem Erlöser und Herrn Ihr Leben anvertrauen. Damit tritt dieser Friede auch für Sie in Kraft. Sie erfahren die Heilkraft der göttlichen Vergebung, dürfen genesen und mit dem Propheten Jesaja bezeugen: Die Strafe liegt auf ihm, damit wir Frieden hätten, und durch seine Wunden sind wir geheilt (Jes. 53, 5). Dieser Friede macht der inneren Unruhe, Friedlosigkeit und Angst ein Ende und führt zugleich zur Heilung jener seelisch bedingten Krankheiten oder nervösen Störungen, unter denen so häufig gelitten wird. – Leider wird jedoch dieser Friede beständig gestört durch verschiedene Umstände, die wir Menschen verschulden.

Schwere Führungen

Wenden wir unsere Aufmerksamkeit jenen Verhaltensweisen zu, welche diesen Frieden zerstören und schwere seelische Schädigungen hervorrufen. Wir vergessen leicht, daß Gott Gedanken des Friedens hat und nicht Gedanken des Leides, wenn er uns etwas Schweres schickt in der Gestalt von Not, Leid, Krankheit, Sorge oder Trauer (Jer. 29, 11). Vielleicht werden auch Sie schwere Wege geführt, durch Leiden körperlicher, seelischer oder geistiger Art, durch eine unbefriedigende Arbeit oder infolge beruflicher Schwierigkeiten.

Wissen Sie, daß Gott sich dabei ähnlich verhält wie ein Vater, dessen Kind ihn verlassen und in die Fremde ziehen will, um fern von ihm und seiner Kontrolle zu leben, wie es ihm beliebt. Der Vater weiß, daß es in der Ferne verloren gehen wird und hält es daher fest. Und wenn es sich dagegen sträubt, dann faßt er es um so fester an, um es zurückzuhalten oder wieder heimwärts zu ziehen. Das wird zwar schmerzen, aber es geschieht aus reiner Liebe. In gleicher Weise sucht auch Gott uns Menschen heim. Er will uns aus Liebe bei sich haben. Das tut die Liebe ja immer. Sie zieht zu sich. Vielleicht verstehen Sie das noch nicht. Sie sträuben sich dagegen, hadern vielleicht mit Gott wegen dieser Führung – werden darüber krank, nervenkrank und verfallen einer der vielen modernen psychosomatischen, d. h. seelisch-körperlichen Krankheiten.

Die Frage des Leidens

Sie müssen sich wohl auch oft die Frage stellen, welche in Leidenszeiten aufbricht: »Warum ist es so weit gekommen? Warum muß ich das durchmachen?« Sie werden aber hierauf kaum eine richtige, befriedigende Antwort erhalten, weil Sie die Frage falsch stellen. Sie sollte lauten: Wozu? Dies deshalb, weil Gottes Gedanken nicht rückwärts, sondern vorwärts gerichtet sind. Er will bei Ihnen etwas erreichen mit dem, was er Ihnen schickt. Vor allem möchte er, daß Sie an ihn die Frage richten: »Was willst du mir damit sagen oder zeigen?« Und dann seien Sie still darüber und bitten Sie Gott, daß er Ihnen darauf antworten und Ihnen die zutreffenden Gedanken schenken möge. Auf diese Weise wird Gott es Ihnen sagen können.

Vielleicht will er Sie ganz oder noch näher zu sich ziehen und Sie veranlassen, das wegzuräumen, was ihm mißfällt. Oder er will Sie auf etwas in Ihrem Verhalten, Reden oder Denken hinweisen, das ihn schmerzt, damit Sie es erkennen, bereuen und mit der Hilfe Jesu Christi loswerden. Es könnte auch sein, daß Gott einen Auftrag für Sie hat, den Sie bisher nicht wahrgenommen haben oder gegen dessen Ausführung Sie sich sträuben. – Dann richten Sie sich nach seinem Wort und gehorchen Sie ihm!

Damit können Sie Ihren unerläßlichen Beitrag leisten an die Beseitigung der Leidensursache und an den Beginn des Heilungsprozesses. Hören Sie aufmerksam auf das, was Gott Ihnen sagen und zeigen will. Sie können das um so eher tun, als Sie bedenken, daß Gott für Sie nur das Beste will, daß er Sie von all dem befreien möchte, was Ihnen und Ihrer Seele schadet.

Auf gar keinen Fall will er Ihnen etwas zuleide tun, denn er hat Gedanken des Friedens und nicht des Leides und möchte Ihnen das Ende geben, auf welches Sie hoffen und warten. Halten Sie sich diese Tatsache beständig vor Augen und danken Sie Gott dafür. Sie werden dadurch eine innere Entlastung erleben, währenddem Sie mit dem hartnäckigen »Warum« und Ihrem Hadern sich nur verbittern und quälen.

Und wenn Sie auch weiterhin unter Ihrer Krankheit zu leiden haben, dann denken Sie an das, was die Schwestern Maria und Martha von ihrem todkranken Bruder Lazarus sagten: »Herr, siehe, der, den Du lieb hast, ist krank!« Hören Sie es? Der, den Du lieb hast, ist krank! (Joh. 11, 3). Halten Sie an dieser biblischen Aussage und Wahrheit fest, trotz aller gegenteiligen Gedanken und

Gefühle. Und wenn Sie es manchmal einfach nicht begreifen können, dann denken Sie an das Wort Jesu: »Was ich tue, das weißt du jetzt nicht; du wirst es aber hernach erfahren.« (Joh. 13, 7).

Bedenken Sie, daß Gottes schmerzliche Führungen mit den farbigen Fäden zu vergleichen sind, mit denen die Teppiche geknüpft werden. Betrachtet man den Teppich von unten her, dann sieht man nur ein unschönes Durcheinander. Schaut man hingegen den fertigen Teppich von oben her an, dann ergibt sich ein schönes Bild. So sehen Gottes Fügungen aus menschlicher, irdischer Sicht, von unten her, manchmal auch unschön aus, aber von oben her, aus himmlischer Sicht wird sich einmal ein wunderbares Bild ergeben, das Ihnen zeigen wird, daß Gott in allem sich von Gedanken des Friedens und der Liebe leiten ließ, um Ihnen das Ende zu geben, auf welches Sie warten und hoffen.

Dann wird es sich zeigen, daß alles Hadern und Aufbegehren gegen Gott fehl am Platze war. Möchten Sie das doch schon hier und jetzt erkennen! Dann wird Gott auch Ihnen die neue, trostreiche Sicht schenken können, wie ich sie bei einer Frau feststellte, die mir durch ihre wohltuende Fröhlichkeit auffiel. Im Verlauf des Gespräches vernahm ich, daß sie zwölf Kinder gehabt hat, elf Söhne und eine Tochter. Alle ihre Söhne sind im Weltkrieg ums Leben gekommen. Als ich sie erstaunt fragte, wie sie all dieses Schwere nur habe überwinden können, erklärte sie, sie habe im Vertrauen auf Gottes Liebe und Treue immer gesagt: »Der Herr hat's gegeben, der Herr hat's genommen, der Name des Herrn sei gelobt!«

Sie haben vielleicht auch einen lieben Angehörigen durch den Tod verloren und sind darob untröstlich. Sie können sich nicht darein schicken und lehnen sich gegen Gottes schmerzliche Fügung auf. Damit aber schaden Sie sich selbst und geraten schließlich in eine Schwermut hinein. Sie kommen so nicht durch. Sie kommen nur dann durch, wenn Sie im Vertrauen auf Gottes Liebe sprechen: »Ja, Vater, denn es ist so wohlgefällig gewesen vor Dir!« Sagen Sie darum ja und immer wieder ja dazu, so oft der Schmerz Sie überfällt. Beugen Sie sich ergeben unter Gottes Willen! Dann wird er Sie mit seinem wunderbaren Trost erfüllen und durchtragen.

Sie müssen sich jedoch zugleich nach seinem Willen richten und sich von den Verstorbenen lösen, müssen sie loslassen und dürfen in keiner Weise mit ihnen Verbindung suchen oder pflegen. Wir müssen die Toten ruhen lassen. Wir sollen auch nicht für sie beten, so lieb sie uns auch gewesen sein mögen. Das mag Ihnen vielleicht unverständlich sein, aber Gott hat uns hierfür in der Bibel keinen einzigen Auftrag und keinerlei Verheißung gegeben, wohl aber findet sich darin wiederholt die Mahnung, sich nicht an die Toten zu wenden, z. B. 5. Mose 18, 11. Wir haben über den Tod hinaus nichts, aber auch gar nichts arrangieren zu wollen. Das Heil der Toten ist Gottes und nicht unsere Sache. Wenn wir zu ihren Lebzeiten für sie gebetet haben, dann dürfen wir wissen, daß diese Bitten bei Gott aufs beste aufgehoben sind. Wir können darum für unsere Verstorbenen nichts Besseres tun, als daß wir auf diese Tatsache getrost vertrauen – andernfalls würde nur unsere Seele Schaden nehmen.

Ich bin in der Seelsorge schon wiederholt Menschen begegnet, welche mir bekannten, sie hätten für ein verstorbenes Angehöriges gebetet und hätten nach diesem Gebet jeweilen einen Druck verspürt, ja sie seien mit der Zeit immer mehr in die Angst und Schwermut hineingeraten. Sie durften dann aber wieder genesen, als sie damit aufhörten und sich voller Vertrauen in Gottes weisen Ratschluß fügten und ja dazu sagten.

Gewiß, Sie dürfen Ihre verstorbenen Angehörigen in lieber Erinnerung behalten. Sie erweisen ihnen aber gerade dann eine große Liebestat, wenn Sie sie loslassen, sie in Ruhe lassen und sich an Jesus Christus wenden mit Ihrer Traurigkeit. Dann dürfen Sie von ihm den wahren Trost empfangen, indem er Ihnen sagt: »Sei getrost! Weine nicht!« Dadurch werden Sie getrost und somit wahrhaftig getröstet, denn so er spricht, so geschieht es und so er gebietet, so steht es da. Wenden Sie sich darum immer wieder betend an ihn – und Sie erleben seinen Trost.

Vielleicht kommen Sie noch oft an den Punkt, wo Sie denken: »Es geht nicht mehr! Ich kann es nicht länger tragen!« Gewiß, Sie allein können es nicht tragen, aber nun dürfen Sie sich tragen lassen. Jesus Christus will Ihre Last tragen. Ja, er will Sie selbst mitsamt Ihrer Bürde durchtragen. Sie erfahren das, wenn Sie sich ihm anvertrauen und sprechen: »Ich kann nicht mehr weiter! Trage Du mich! Ich übergebe mich und meine Last Dir!« Wenden Sie sich mit diesen Worten an ihn, so oft die Bürde Ihnen zu schwer werden will. Für ihn ist sie nicht zu schwer. Seine Tragfähigkeit ist unendlich groß, weit größer noch als das Gewicht der Last, welche auf Sie gefallen ist. Er hält sein Wort: »Ich will euch tragen bis ins Alter und bis ihr grau werdet. Ja, ich will es tun. Ich will heben und tragen und erretten.« (Jes. 46, 4).

Dein Wille geschehe

Wir Menschen möchten, daß unser Wille geschehe und unsere Wünsche in Erfüllung gehen. Doch das, was wir wollen, ist lange nicht immer das beste. Schon vielen ist es zum Verhängnis geworden. Gottes Wille aber ist der beste, auch dort, wo er unserem Willen entgegen steht, so daß es uns schmerzt. Deshalb tun wir gut daran, uns seinem Willen zu unterziehen, zu seinem Wollen und Handeln ja zu sagen und unseren Willen parallel zu dem Seinen zu legen. Dann entsteht für uns ein gangbarer Weg, wie dort, wo zwei Stäbe parallel gelegt werden. Stellen wir uns jedoch dem göttlichen Willen entgegen in Hader und Auflehnung, dann schmieden wir ein Kreuz, an dem wir schwer zu tragen haben, unter dem wir früher oder später erkranken und zusammenbrechen.

Hören Sie in diesem Zusammenhang auf die Worte eines Mannes, der das an sich selbst erlebt hat: »Als ich meine schwere Herzneurose in einem Sanatorium auszukurieren suchte und mein Leiden in dunkle Schwermut überging, hatte ich eines Morgens folgendes Gespräch mit dem leitenden Arzt. Er: »Glauben Sie denn, daß Gott Ihnen etwas Schlechtes auferlegen kann?« Ich: »Nein, Herr Doktor!« Er: »Dann sprechen Sie mir einmal genau nach: Was mein Gott mir schickt, ist immer gut, und was er will, das will ich auch!« – Ich sprach diese Sätze kindlich nach. Als ich es tat, war es mir, als lösten sich plötzlich schwere Lasten von meinen Schultern. Meine Schwermut war verschwunden, und ich jubelte: »Herr Doktor, die rechte Hand des Höchsten kann alles ändern!« – Natürlich lag die Heilung nicht in dem mechanischen Nachsprechen, sondern im Entschluß, den eigenen Willen dem Willen Gottes zu unterwerfen und das Hadern gegen Gottes Fügung zu bereuen.

Fassen Sie den Entschluß: »Was Gott will, das *will* auch ich.« Sagen Sie immer wieder JA zu Gottes Willen. Dieses *»Ja, Vater«* wird sich als wunderbares Heilmittel erweisen, als ein großes, befreiendes Geschenk. Es nützt nämlich wirklich nichts, sondern schadet nur, den eigenen Willen durchsetzen zu wollen, denn der göttliche Wille ist ja viel stärker. Gott setzt seinen Willen unwiderstehlich durch – und zwar nicht etwa aus Zwängerei oder Willkür, sondern weil er das Beste will.

Haben wir nicht schon Ähnliches erlebt? Kinder wollen oft das oder jenes nicht essen. Wohl ihnen, wenn ihre Eltern ihnen nicht nachgeben, sondern darauf bestehen, daß sie alles essen lernen und ihnen erklären: Du bekommst nur das und nichts anderes. So schmerzlich dies für die Kinder auch sein mag – es bleibt ihnen nichts anderes übrig, als ihren Hunger zu stillen. Später, im Leben draußen, wird es ihnen immer wieder zugute kommen, wenn sie alles essen können, z. B. bei fremden Leuten, in den Ferien usw. Wenn sie aber als Kinder ihren Willen durchsetzen konnten, werden sie im Leben oft in schwierige Situationen geraten oder ihre Gastgeber in eine peinliche Verlegenheit bringen. – In ähnlicher Weise werden alle jene Kinder im persönlichen und beruflichen Leben und Zusammenleben häufig in Schwierigkeiten geraten, die nicht zum strikten Gehorsam erzogen worden sind, die nicht lernten, ihren eigenen Willen unter den Willen ihrer wohlmeinenden Eltern zu beugen.

Auch Gott will immer das Bessere, ja das Beste für Sie! Glauben Sie es, vertrauen Sie ihm, sagen Sie immer wieder ja zu seinem Willen. »Ja, Vater, denn es ist *so* wohlgefällig vor Dir!«

Durch Menschen verursachte Leiden

Währenddem es bei den bisher erwähnten Leiden möglich ist, zu denken, daß sie uns von Gott geschickt werden, der doch die Liebe ist, wird es schwieriger bei all dem, was Sie vielleicht von Menschen erleiden müssen, sei es an Ihrem Arbeitsplatz, in der Nachbarschaft, in Ihrem Hause, in Ihrer Ehe, Familie oder Verwandtschaft. Auch Sie müssen es ja immer wieder mit Schmerzen erleben, daß die Menschen sich nicht von der Nächstenliebe leiten lassen, sondern vom Egoismus, Neid oder Haß. Dann erwachen leider auch im eigenen Herzen Verbitterung und Groll, die durch fortgesetzte, schmerzliche Erfahrungen immer neu genährt werden. Daraus können schwere gesundheitliche Störungen entstehen.

Wie können Sie nun dieser Gefahr steuern? Dadurch, daß Sie tun, was Gott will. Auch Jesus Christus hat das getan gegenüber seinen Peinigern, als er am Kreuz bat: »Vater, vergib ihnen, denn sie wissen nicht, was sie tun!« (Luk. 23, 24). Auch Sie kommen nur durch, wenn Sie immer wieder vergeben. Damit schaffen Sie die Voraussetzung dafür, daß Sie Ihre Feinde entwaffnen können, indem Sie das Böse mit Gutem vergelten, indem Sie ihre Feinde lieben (Matth. 5, 44). Damit bietet Ihnen Gott die Waffe an, mit der Sie den Feind innerlich überwinden und gewinnen und somit völlig entwaffnen können.

Mit Haß oder Schimpfworten jedoch wird alles nur noch schlimmer. Ich kenne eine Frau, die von ihrer Nachbarin gehaßt, verleumdet und beschimpft wurde. Sie breitete ihren Schmerz vor Gott aus und schwieg. Eines Tages wurde sie von der Feindin mit unflätigen Worten bedacht und sogar geohrfeigt. Ohne ein Wort dazu zu sagen, begab sie sich schluchzend in ihre Stube und weinte sich aus. Währenddessen sie ihr Herz betend vor Gott ausschüttete, wurde es ihr klar, daß sie ihrer Nachbarin Gutes erweisen müsse. Darüber wurde sie getrost. Sie backte einen Kuchen, legte ihn mit anderen Leckerbissen und einigen frischen Eiern in einen Korb, begab sich zitternden Herzens ins Nachbarhaus, läutete an der Hausglocke, grüßte die herauskommende Frau freundlich und übergab ihr denselben. Als diese den Inhalt erblickte, konnte sie vor Staunen kein Wort aussprechen, brach dann in lautes Schluchzen aus und verschwand im Hause. Tags darauf erhielt die Spenderin einen Brief, in welchem die Nachbarin inständig um Verzeihung für alles Böse bat. Und von da an suchte sie, das begangene Unrecht wieder gutzumachen.

Aus dieser Begebenheit können Sie sehen, daß Sie keineswegs wehrlos den feindlich gesinnten Menschen ausgeliefert sind und sich demnach auch erfolgreich zur Wehr setzen können. Gebrauchen Sie doch diese wunderbare Waffe der Feindesliebe! Damit können Sie jeden Gegner erfolgreicher bekämpfen und überwinden als mit Zorn oder Vergeltungsschlägen. Sie führen dadurch den ersehnten Frieden herbei. Und wenn der erste Versuch nicht zum Ziel führt, dann versuchen Sie es von neuem. Gehorchen Sie unentwegt dem Herrn Jesus Christus, der gesagt hat: Tut wohl denen, die euch hassen! (Matth. 5, 44). – Steter Tropfen höhlt den Stein, auch ein steinernes Herz.

Eine entscheidende Hilfe hierin erfahren Sie, wenn Sie für diese Menschen beten, wenn Sie das Gebot Jesu befolgen: Bittet für die, welche euch verfolgen. Durch solche Fürbitte weben Sie ein Band der versöhnenden Liebe um sich und den Feind, der Groll und Zorn in Ihrem Herzen wird dadurch abgebaut und Ihre Einstellung zu ihm wird anders. Das wird auch seine Einstellung Ihnen gegenüber beeinflussen, denn auch an seinem Herzen wirkt sich die Fürbitte aus, indem Gott seine Gedanken zum Guten lenken will und kann. Vor allem aber stirbt in Ihrem eigenen Herzen die quälende Wurzel der Verbitterung ab und macht der versöhnenden Liebe Platz – und damit erweisen Sie sich selbst eine unendliche Wohltat.

Wenn Sie mit dieser Abwehrwaffe ausgerüstet sind, dann haben Sie auch keinen Anlaß mehr, von dem Platz zu fliehen, welchen Gott Ihnen angewiesen hat. Sagen Sie vielmehr ja und nur ja dazu. Vielleicht wenden Sie dagegen ein, Sie brächten das nicht über sich, Sie könnten sich das alles nicht bieten lassen, denn Sie seien schließlich auch jemand. – Dann bedenken Sie die Folgen dieser Haltung – die Verbitterung und in deren Folge die Schädigung Ihrer Gesundheit, Ihrer Nerven.

Demut

Wenn sie oben bleiben möchten und sich weigern, unten durchzugehen, dann stoßen Sie beständig zusammen mit all den andern Menschen, welche auch oben bleiben wollen. Auf dem Demutsweg jedoch, der unten durchführt, kommen Sie viel leichter vorwärts. Das ist ähnlich wie bei den Unterführungen von verkehrsreichen Plätzen. Wer mit seinem Auto oben bleiben will, bleibt im Gedränge stecken und kommt nur langsam voran. Wer sich aber entschließt, die Unterführungsstraße zu benützen, gelangt viel schneller ans Ziel.

In geistiger Hinsicht verhält es sich ebenso. Solange Sie oben bleiben und sich gegen die anderen durchsetzen wollen, erleiden Sie schmerzliche Zusammenstöße. Unten jedoch können Sie dem entgehen und das erfahren, was der Psalmist sagt: »Wenn Du mich demütigst, machst Du mich groß« (Ps. 18, 36).

Da machen Sie die wunderbare Entdeckung, daß Gott auch durch solche Demütigungen Gelegenheit gibt, sich in der Demut zu üben und dadurch einen reichen Segen zu empfangen. Übung macht ja den Meister, auch hier! Und liegt nicht tatsächlich in der Demut die wahre Größe? Darum demütigen Sie sich und betrachten Sie die Widersacher als Ihre Lehrmeister, an welchen Sie sich in der Demut und in der Feindesliebe üben können. So haben Sie den Sieg auf Ihrer Seite und können zugleich einem weit schwereren Leiden vorbeugen.

Hüten Sie sich aber vor dem Mißverständnis, Sie könnten und möchten durch demütiges Verhalten groß werden. Das wäre getarnter Hochmut. Bleiben Sie vielmehr gerne unten, stehen Sie gerne hinten an. Drängen Sie nicht nach vorne, sondern nach hinten. Auch Jesus Christus hat sich ja zuhinterst hingestellt, als er sich selbst erniedrigte bis zum Tod am Kreuz (Phil. 2, 5–8). Er stand noch viel weiter hinten und weiter unten als Sie, um damit Ihr Streben nach oben und nach vorne wieder gutzumachen und zu sühnen. Hören Sie doch auf das, was er Ihnen sagt: »Die Letzten werden die Ersten sein, und die Ersten werden die Letzten sein!« (Matth. 20,16).

Sehen Sie, wir Menschen marschieren in einer großen Kolonne dahin. Vorne sind die Größten und hinten die Kleinsten. Wenn aber der Kommandant *»Rechtsum kehrt«* befiehlt, dann sind die Kleinsten zuvorderst und die Ersten und Größten zuhinterst. Wie es in der militärischen Kolonne geschieht, so verhält es sich auch in der großen Menschheitskolonne, wo die einen nach vorne drängen und möglichst groß, berühmt und geehrt sein wollen oder neidisch nach vorne schauen, währenddem die andern still, demütig und zufrieden einhergehen. Doch da wird Gott eines Tages befehlen: *»Rechtsum kehrt!«* Dann müssen alle gehorchen – dann sind die Hochmütigen, Geltungssüchtigen, Neidischen zuhinderst, die Letzten, die Demütigen aber zuvorderst, die Ersten. Und alle werden mit Staunen sehen, wie Gott das Wort wahr macht: »Wenn Du mich demütigst, machst Du mich groß.« So wird es sein. Darum rate ich Ihnen: Drängen Sie nicht nach vorne, schauen Sie auch nicht neidisch auf die Großen, Erfolgreichen, Berühmten und Starken, sonst werden Sie einmal zu den Letzten gehören. Sagen Sie vielmehr demütig ja zu dem Platz und Weg, auf den Gott Sie gestellt hat; sagen Sie ja zu den Gaben, welche er Ihnen geschenkt hat – und Sie werden sich darob freuen können.

Wahre Größe

Gewiß fällt es auch Ihnen schwer, die Demütigungen zu verstehen, wenn sie Ihnen zuteil werden. Sie empfinden es als ein willkürliches Handeln Gottes, als etwas Feindseliges, Negatives. Doch weit gefehlt! Gott will Sie segnen, er will Sie zur Genesung führen, will Ihnen jene Schmerzen vorenthalten oder abnehmen, die uns Menschen so arg zusetzen, weil wir uns immer wieder zu wenig geehrt, gewürdigt, geschätzt wähnen und uns minderwertig fühlen.

Gott will Sie also nicht etwa »drunten« halten oder gar unterdrücken, wie Ihr Empfinden es Ihnen einflüstert. Er möchte Sie vielmehr segnen. Er kann es ja nur dem Demütigen gelingen lassen und kann seine Kraft nur im Schwachen zur Auswirkung bringen. Und weshalb? Weil nur der Demütige vor Gott die Stellung einnimmt, welche sich für den Menschen geziemt! Weil nur derjenige, der sich vor Gott demütigt, ihn in seiner wahren Größe und Herrlichkeit erkennen kann. Und sobald wir Gott in seiner Herrlichkeit, Heiligkeit, Vollkommenheit und Allmacht sehen, werden wir sehr klein. Die demütige Haltung wirkt auch heilend auf den durch eine falsche, hochmütige Haltung und Empfindlichkeit geschädigten Zustand der Seele.

Solange wir uns jedoch dagegen sträuben, uns zu demütigen und den eigenen Willen unter den göttlichen zu beugen, solange wir die höchste Instanz und unsere eigenen Herren sein möchten, bleibt die Beziehung zu Gott unterbrochen. Dieser unbefriedigende, schmerzhafte Zustand wird erst dann behoben, wenn wir die rechte Sicht bekommen, wenn wir Gott so groß und herrlich sehen, wie er ist. Dann entsteht die Demut von selbst, in der wir uns klein und schwach fühlen. Aus dem Hochmut heraus, in dem wir uns groß und stark wähnen, sehen wir jedoch Gott viel zu klein – und das läßt er uns nicht durch.

Sie denken, das sei eine schmerzliche Sicht? – Dann irren Sie. Schmerzlich berührt es Sie vielmehr, wenn Sie Gott nicht recht sehen, so wie es schmerzt, wenn die Augen infolge einer Entzündung oder eines Sandkörnleins nicht recht sehen können. Und welche Freude, welches Glück bedeutet es, wenn die Entzündung behoben, das Sandkörnlein wieder entfernt und die volle Sehkraft zurückgekehrt ist.

Solche Sandkörnlein können in übertragenem Sinn auch in den Augen des Glaubens auftreten und arge Schmerzen verursachen, wenn wir Gott nicht so groß sehen, wie er ist, wenn wir nicht in der rechten Demut stehen und somit durch die eigene Empfindlichkeit, durch die gekränkte Ehre, das Zuwenigbeachtsein und die andauernden Minderwertigkeitsgefühle uns stets zurückgesetzt wähnen. Gott aber möchte diese verheerenden Schmerzen beheben, indem er uns in die echte Demutshaltung bringt. Damit will er auch Ihnen wohl tun. Denken Sie immer daran!

Gewiß, auch Demütigungen schmerzen, aber Gott will uns dadurch zurechtbringen, so wie der Arzt sich manchmal dazu entschließen muß, das kranke Auge einer schmerzhaften Behandlung zu unterziehen, weil nur so die Heilung voranschreiten kann. Auch in dieser Hinsicht sollten wir das Wort Gottes hören und gelten lassen: »Ich bin der Herr, dein Arzt« (2. Mose 15, 26). Und zwar *der* Arzt, der uns durch und durch kennt, der niemals eine Fehldiagnose stellt, der wirklich und ganz zurecht bringt.

Darum vertrauen Sie ihm ganz, halten Sie ihm stille, ohne aufzubegehren, ohne sich aufzulehnen, denn dadurch ersparen Sie sich und Ihren Mitmenschen viele

Schmerzen. Sie erweisen sich selbst und Ihnen eine große Wohltat. Die echte Demut lindert, ja nimmt den Schmerz und erweist sich als ein wunderbares, vom Schmerz befreiendes Mittel, indem sie die mannigfachen Demütigungen lange nicht so schmerzlich empfinden läßt wie der Stolz. Und ist nicht alles das ein großes, beglückendes Geschenk, was uns von den Schmerzen befreit?!

Ehre und Geltung

Aus den bisherigen Ausführungen können Sie ersehen, wie schmerzlich und gefährlich sich die Ehrsucht, der Geltungstrieb und der Neid auswirken. Es ist ja nur wenigen Menschen vergönnt, geehrt oder berühmt zu werden. Und doch steckt uns der Wunsch danach sozusagen in Fleisch und Blut. Die Folge ist, daß sich viele beständig hintangesetzt, unbeachtet oder gar verachtet wähnen und von Minderwertigkeitsgefühlen geplagt werden. Es ergeht ihnen in übertragenem Sinne wie einem Kind, das sich immer um sich selbst dreht. Plötzlich verliert es das Gleichgewicht und stürzt zu Boden. In gleicher Weise kommt der Mensch zu Fall, der sich beständig um sich selbst, um seine eigene Ehre und Geltung dreht.

Zudem ergeben sich daraus »Kreislaufstörungen«, die sich auf geistigem Gebiet ebenso verheerend auswirken wie auf körperlichem. Sie schmerzen und lähmen. Sie können aber nur dadurch behoben werden, daß dieses Streben nach der eigenen Ehre als Sünde erkannt und bereut wird, und es inskünftig allein um die Ehre Gottes geht. So hören die peinlichen Kreisbewegungen um das eigene Ich auf, und es mündet alles ein in die eine, heilende, große Kreisbewegung um die Ehre Gottes. Ihm allein gebührt und gehört ja die Ehre.

Geben auch *Sie* die Ehre ihm! Dann entgehen Sie dem schweren Los so vieler Menschen, die sich beständig darob kränken, daß ihnen zu wenig Ehre erwiesen wird und die darüber krank werden. Im Streben nach der göttlichen Ehre aber liegt die Heilung. Dann dürfen Sie nämlich erfahren, wie Gott sich in Liebe um Sie kümmert, sich Ihrer erbarmt. Welche Ehre ist doch das, daß der allmächtige, große Gott sich derart um Sie bemüht hat, daß er seinen Sohn, Jesus Christus, dahingab, damit er alle Schmach auf sich nähme, um Ihr verfehltes Streben nach Ehre wieder gutzumachen. So wird Ihnen Gottes Liebe und Gnade zuteil. Müssen da nicht alle Minderwertigkeitsgefühle zwangsläufig schwinden?!

Und wenn sich zuzeiten in Ihnen alles aufbäumen will gegen eine demütigende Behandlung oder Mißachtung, gegen das Hintanstehenmüssen und Erniedrigtwerden, dann schauen Sie es nicht nur durch die menschliche Brille der eigenen Empfindlichkeit an, sondern durch die Brille des Psalmisten, der sagt: »Wenn du mich demütigst, machst du mich groß!« Beachten Sie insbesondere das Wort Jesu: »Wer von Euch der Vornehmste sein will, der sei euer Knecht« (Mark. 10, 44). Ziehen Sie aus diesem Wort die Konsequenzen, grämen Sie sich nicht länger über die erlittenen Demütigungen, sondern bedenken Sie, daß Sie dadurch Gelegenheit bekommen, von Gott zu den Vornehmsten gezählt zu werden. Da muß auch der Neid absterben und das schmerzliche Gekränktsein. Da können Sie sich an Gott wenden mit den Worten: »Habe Dank dafür, daß ich unter allen der Geringste, der Knecht oder die Magd sein darf!«

In dieser Einstellung können Sie auch eher einem weiteren Verhalten wehren, das den Frieden raubt – der Unversöhnlichkeit. Sie gleicht einem Messer, das die Seele verletzt. Ein Mensch hat Ihnen vielleicht etwas zuleide getan oder gesagt. Sie tragen es ihm nach und können es nicht vergessen. Damit aber schaden Sie sich, tun sich und Ihrem Schuldner und auch Gott weh. Darum – was es auch sei, wie schlimm es auch gewesen sein mag – die Unversöhnlichkeit raubt Ihnen die Ruhe, den Frieden. Sie bringt Sie zugleich in den Gegensatz zu Gott, der ja nur dann vergibt, wenn Sie Ihrem Schuldner auch vergeben.

Daran erinnert Sie das »Unser Vater« mit seiner Bitte: »Vergib uns unsere Schulden, wie auch wir vergeben unseren Schuldnern!« Bedenken Sie doch, wieviel Gott es sich kosten ließ, um Ihnen Ihre Schuld zu vergeben, die ja weit größer ist als die Schuld, welche ein Mensch sich Ihnen gegenüber aufladen kann. Gott gab seinen Sohn dahin ans Kreuz und ins Grab, damit er mit seinem Leben und Blut Ihre Schuld bezahle und Ihre Sünden sühne. Wenn Sie mit reuigem Herzen dem Herrn Christus für seine Erlösung und Vergebung danken und sich ihm anvertrauen, dann empfangen Sie Gottes Gnade und mit ihr den wahren Frieden. Sie dürfen aber seine Vergebung nicht bloß für sich behalten, sonst verlieren Sie sie wieder. Sie müssen sie vielmehr weitergeben an Ihren Schuldner, wenn Sie nicht Schaden an Ihrer Seele nehmen wollen. Mit jedem Tag nämlich, da die Unversöhnlichkeit andauert, wird die Wunde größer und schmerzt Sie selbst und vor allem Ihren Schuldner.

Dieser Schmerz wird für ihn mit der Zeit größer als der, welchen sein Unrecht Ihnen verursacht hat. Somit laden Sie durch Ihre Unversöhnlichkeit eine noch größere Schuld auf sich, als es die seine Ihnen gegenüber war. Es ist deshalb höchste Zeit, ihm zu vergeben, ihn wieder freundlich zu grüßen, ihm Gutes zu erweisen und vor allem Gott herzlich um Verzeihung zu bitten für die eigene Unversöhnlichkeit. Entrinnen Sie so der großen Gefahr, daß die Vergebung und der Frieden Ihnen vorenthalten bleiben. Dann wird der ersehnte Frieden in Ihr Herz einkehren.

Legen Sie darum das Messer beiseite, welches Ihre Verbindung zu Gott, zum Nächsten zerschnitten hat, das auch Ihre Seele andauernd verletzte – und vergeben Sie. Sie werden eine große innere Entlastung erfahren – und ebenso Ihr Schuldner. Er wird Ihnen dafür dankbar sein. An die Stelle des quälenden Unfriedens wird der beglückende Frieden treten, im Verhältnis zu Ihrem Nächsten, zum Arbeitskollegen, zum Ehegatten. Die Sonne wird von neuem durch die finsteren Wolken brechen. Und wenn das erlittene Unrecht wieder auftauchen sollte in Ihrem Gedächtnis, dann denken Sie sogleich: »Es ist vergeben, wie Gott auch mir vergeben hat, nämlich ganz!« Auf diese Weise können Sie es schließlich auch vergessen.

Wie aber, wenn immer neue Verfehlungen gegen Sie begangen werden? Wie oft soll vergeben werden? Nicht nur siebenmal, nicht nur siebzigmal siebenmal, sondern immer wieder, so wie Sie sich auch von Gott immer wieder vergeben lassen müssen.

Eine schwerwiegende Folge der Unversöhnlichkeit besteht darin, daß sie einsam macht, daß sie uns vom Schuldner, vom Mitmenschen und von Gott trennt und in die Einsamkeit führt, unter der so viele Menschen unserer Zeit leiden. Aus ihr kann auch die Flucht in die Masse oder in die Geselligkeit nicht herausführen, sondern allein die Gemeinschaft mit Gott und mit Gotteskindern. Diese Gemeinschaft hat Jesus Christus mit seinem Sühnopfer am Kreuz, mit seiner Versöhnung und seinem Frieden hergestellt. Dadurch hat er Ihnen den Weg gebahnt in die große Gottesfamilie, wo sein Geist der Liebe und des Friedens die Angehörigen miteinander verbindet – und nicht bloß das Band des gemeinsamen Blutes. Täglich dürfen Sie im Gebet mit dem himmlischen Vater reden und ihm alles sagen und anvertrauen, was Sie bewegt. Sie dürfen auf ihn hören, indem Sie die Bibel lesen, dürfen sich mit den gläubigen Christen zusammenfinden im gemeinsamen Hören auf Gottes Wort, im gemeinsamen Singen, Beten und Danken. Hier besteht die Möglichkeit, sich auszusprechen, sich gegenseitig zu trösten, aufzumuntern, anzuhören. Darauf sind Sie angewiesen. Bleiben Sie darum nicht allein.

Sie brauchen die Gemeinschaft mit Menschen, welche um den Frieden, die Vergebung, um Gottes Gnade, Liebe und Durchhilfe wissen, die an sich selbst Seelsorge üben und somit auch Ihnen seelsorgerliche Hilfe gewähren können. Jesus hat deshalb Gemeinschaft gefordert und hat verheißen: »Wo zwei oder drei beisammen sind in meinem Namen, da bin ich mitten unter ihnen« (Matth. 18, 20). Jesus ist da, wo Sie mit anderen Christen zusammenkommen, sei es im Gottesdienst, in der Bibelstunde, im Hausbibelkreis, in der Gebetsgemeinschaft, in gegenseitiger Aussprache oder auch etwa zu geselligem Beisammensein bei Kaffee, Kuchen oder Spiel. Wenn Sie zu Jesus Christus kommen, dann befinden Sie sich gleichzeitig auch bei denen, welche ebenfalls in ihrer Hilfsbedürftigkeit an ihn gelangen. Sollten Sie in Ihrer Gemeinde noch keine Möglichkeit hierzu vorfinden, dann machen Sie doch selbst den Versuch, ergreifen Sie selbst die Initiative und laden Sie gläubige Mitmenschen zu sich in Ihre Stube ein. Diese werden Ihnen dafür gewiß dankbar sein.

Sie können miteinander einen Bibelabschnitt lesen, hierauf einige Minuten darüber stille sein und dann die über dem einen oder anderen Bibelwort aufgetauchten Fragen, Gedanken, Probleme, Erfahrungen oder Tröstungen miteinander austauschen. Sie werden dadurch viel Segen und Freude empfangen. – Versuchen Sie es doch. Es wird sich reichlich lohnen.

Beachten Sie zudem, daß Christus seine Gemeinde als seinen Leib bezeichnet, an dem wir Christen Glieder werden sollen. Nur in Verbindung mit dem Leib kann ein Glied lebendig bleiben. In der Absonderung läuft es Gefahr, zu sterben, so wie ein Finger in dem Augenblick erstirbt, da er vom Körper getrennt wird. Seien Sie darum auch darauf bedacht, ein treues Glied in der Gemeinde Jesu Christi zu sein, sonst verlieren Sie all das wieder, was Christus Ihnen schenken will.

Bedenken Sie zudem, daß Sie als Einzelgänger zu schwach sind, um allem feindlichen Druck und Widerspruch standzuhalten. Nehmen Sie als Beispiel dafür ein Zündhölzchen, bei dem es nur eines geringen Druckes bedarf, um es zu zerbrechen. Binden Sie hingegen viele Streichhölzer zu einem Bündel zusammen, dann können Sie diese in Gemeinschaft befindlichen Hölzchen nicht zerbrechen. Bedenken Sie das wohl! Weil wir alle derart zerbrechliche, schwache Menschen sind, haben wir diese Gemeinschaft dringend nötig.

Suchen Sie darum diese Gemeinschaft immer wieder auf. Vielleicht widerspricht das Ihrer bisherigen Gewohnheit. Oder Sie haben Hemmungen, so umzustellen; wenn Ihnen jedoch Ihre innere Genesung oder Gesundheit lieb ist, dann ändern Sie Ihre Gewohnheit. Bedenken Sie zudem, daß Sie hier Menschen finden, die für Sie beten und für die Sie auch beten dürfen. Dadurch entsteht ein wunderbares Band der gegenseitigen Stärkung und Hilfe. So können Sie der quälenden Einsamkeit entrinnen.

Oder kennen Sie vielleicht niemanden, mit dem Sie diese Gemeinschaft pflegen könnten? – Dann lassen Sie es nicht dabei bewenden. Behalten Sie den empfangenen Frieden in Christus nicht für sich, sonst laufen Sie Gefahr, ihn wieder zu verlieren. Suchen Sie ihn weiterzugeben, indem Sie Ihren Mitmenschen bezeugen, was Jesus Christus an Ihnen getan hat, wie er Ihnen Gnade, Liebe und Freude geschenkt hat und daß er das auch andern anbietet.

Sie fragen wohl, wie Sie das anstellen sollen. Eine hilfreiche Anleitung hierzu erhalten Sie in der Schrift »Evangelisation von Mann zu Mann«. Hier lernen Sie, wie Sie in einer feinen, nicht schockierenden Art Ihre Mitmenschen auf Jesus Christus hinweisen und zu ihm führen können, indem Sie sie aufsuchen oder zu sich einladen.

Eine große Hilfe würde für Sie die Verwendung der Schallplatte oder Tonbandkassette darstellen, die zusammen mit der erwähnten Schrift am Schluß dieses Buches erwähnt werden. Darin wird dieses evangelistische und seelsorgerliche Gespräch wiedergegeben und von schönen Liedern unterbrochen und wirkungsvoll unterstrichen. Sollte es Ihnen zu schwer fallen, ein persönliches Gespräch zu führen, dann bestünde die Möglichkeit, Ihren Mitmenschen auf diese Weise von Jesus zu erzählen. Gott wird gewiß auch dieses Vorgehen segnen, vorausgesetzt, daß Sie im Stillen – unauffällig und immer wieder – darum bitten, daß er mit seinem Heiligen Geist diese Worte und Lieder beglaubige und am Herzen der Zuhörenden wirken lasse. Helfen Sie so mit beim Aufbau der Gemeinde Jesu und bedenken Sie: Wer nicht wirbt, stirbt. Wer nicht missioniert, *de*missioniert.

Angstzustände

In der Gemeinschaft mit dem liebenden, barmherzigen, allweisen und allmächtigen Gott und mit Jesus Christus dürfen Sie auch frei werden von einem andern Symptom, welches auf die Erkrankung der Seele hinweist — von der ständigen Angst. Viele Menschen werden von ihr geplagt, werden von der Furcht vor diesem und jenem umgetrieben. In der Bibel vernehmen wir jedoch häufig die Aufforderung: »Fürchte dich nicht!« Sie gilt auch für Sie und Ihre Lage. Antworten Sie darauf, indem Sie in allen furchterregenden Situationen sich Gott zuwenden und sprechen: »Ich danke dir, Vater im Himmel, daß ich mich nicht fürchten muß, daß du nach deiner Zusage mein Schutz und Schirm, meine Burg und meine Zuflucht, mein machtvoller Helfer und Beistand bist« (Ps. 27 u. 62). Nehmen Sie doch diese göttlichen Verheißungen immer wieder dankend an!

Es handelt sich ja um ein wunderbares Gebot und Angebot, wenn Gott Sie auffordert: »Fürchte dich nicht!« Machen Sie täglich und stündlich davon Gebrauch! Ihr Glaube soll sich dadurch auswirken, daß Sie für das Angebotene und Verheißene *danken.* Dann können Sie die Angst mehr und mehr loswerden. Sie werden es zudem nur noch mit Christus, mit Gott zu tun haben, an dem ja alles vorbei muß, bevor es an Sie herankommt.

Und läßt er nur das passieren, was Ihnen zum Besten dient. In ihm, in seiner Liebe, Treue und Gnade, in seinem Frieden dürfen Sie geborgen sein und bleiben. Lesen Sie darum Gottes Wort und Verheißung immer so, daß Sie ihm betend dafür danken. So nehmen Sie das Verheißene für sich in Anspruch, und Sie erfahren und empfangen das Ihnen Zugesagte.

Unzufriedenheit

Eine schmerzliche Folge des Unfriedens zwischen Gott und dem Menschen ist die Unzufriedenheit. Sie macht den Menschen arm, selbst wenn er über viele Reichtümer verfügen sollte. Es genügt ihm alles nicht. Nichts vermag ihn zufriedenzustellen. Ist ein Wunsch in Erfüllung gegangen, so will er noch mehr, währenddem ein Zufriedener nicht mehr begehrt und braucht als das, was er hat, und somit reich sein darf. Fragen wir nun, wie diesem Leiden gesteuert werden könne, dann ist in erster Linie der Friede mit Gott zu erwähnen und in zweiter

Linie die Dankbarkeit. Eine wesentliche Wurzel der Unzufriedenheit ist die Undankbarkeit, die nicht sieht, wie Gott uns Tag für Tag beschenkt und zum Danken veranlaßt.

Auch für Sie bestehen viele Gründe zum Danken, so z. B. das tägliche Essen und Trinken, die Gesundheit oder Genesung, die ärztliche Betreuung oder sachkundige Pflege im Krankheitsfall, das Ausruhen und Schlafen, jeder Atemzug und jeder Schritt, den Sie noch tun dürfen, gar wenn Sie ihn ohne Beschwerden oder Schmerzen tun können; die Arbeits- und Verdienstmöglichkeit, die Fähigkeit zu sehen, zu hören, zu sprechen und zu denken, die Anteilnahme und Fürsorge seitens der Angehörigen. Das alles schenkt Ihnen letztlich Gott, und dafür verdient und erwartet er Ihren Dank. Es schmerzt ihn, wenn dieser Dank ausbleibt, so daß er kaum geneigt sein wird, die Undankbaren zu erhören, wenn sie mit einer besonderen Bitte an ihn gelangen.

Das dürfen auch Sie nicht anstehen lassen. Vielmehr sollten Sie die mannigfache Undankbarkeit von Herzen bereuen, dafür um Vergebung bitten und inskünftig nicht mehr vergessen zu danken für alles, was Gott Ihnen Gutes getan hat und tut. Vielleicht erscheint Ihnen das als lästiges Müssen. Es handelt sich aber um ein kostbares Dürfen, denn das Danken macht froh. Ist es denn nicht immer wieder eine Freude, wenn wir für etwas, das uns jemand schenkt, danken können? – Gott beschenkt uns Tag für Tag reich. Wir müssen nur mehr denken und es sehen. Dann danken wir auch mehr. Ja, dann haben wir vom Morgen bis zum Abend Grund zum Danken und damit viel Grund zur Freude. Dankbare Menschen sind frohe, glückliche, zufriedene Menschen. Möchten Sie sich doch auch zu ihnen gesellen!

Setzen Sie sich doch – vielleicht gleich in dieser Stunde – hin und besinnen Sie sich über alles, wofür Sie zu danken haben oder hätten, schreiben Sie es auf und danken Sie Gott dafür! Sie werden erleben, wie Sie darüber froh werden.

In einem Altersheim herrschte eine schlechte Stimmung. Beständig wurde gemurrt, geschimpft und gezankt. Die leitende Schwester sann nach Abhilfe und machte in ihrer Not den Vorschlag, einmal eine Dankstunde zu halten. Die Insassen fragten erstaunt: »Danken? – Wofür denn nur?« Doch sie fanden sich zur angegebenen Zeit aus Neugierde vollzählig ein. Und nun dankte die Schwester für alles, was ihnen noch geschenkt war, das Obdach, das Zimmer, das Bett, das Essen und Trinken das Aufstehen, das Gehen, das Sehen, Hören und Reden usw. Darob wurde es den Teilnehmern eigenartig wohl ums Herz und am Schluß baten sie, bald wieder eine solche Dankstunde durchzuführen. In der Zwischenzeit besannen sie sich über all das, wofür sie noch danken könnten. Damit zog ein neuer, froher Geist im Heim ein und setzte der Unzufriedenheit und dem Murren ein Ende.

Richten doch auch Sie gleich jetzt eine solche Dankstunde ein in Ihrer Stube, zunächst für sich und dann für die Familie. Sie werden dadurch einem frohen Geist den Weg in Ihr Leben und in Ihre Wohnung bahnen.

Ehenot – Familiennot

Vielleicht übt auch in Ihrer Wohnung, in Ihrer Ehe und Familie die Unzufriedenheit die Vorherrschaft aus. Vielleicht fehlt der Frieden, oder er wird durch verschiedene schwierige Umstände fortwährend gestört. Sie leiden unter dieser oder jener Eigenschaft Ihres Ehegatten, oder unter dem Verhalten Ihrer Kinder oder Eltern und müssen Ihrem Ärger immer wieder Luft verschaffen, was dem Zusammenleben ja auch nicht förderlich ist. Sie sehen lauter Fehler an den andern und halten es kaum mehr aus. So geht es nicht! Schalten Sie doch um und überlegen Sie, schauen Sie nach, ob Ihr Lebensgefährte nicht doch auch noch eine gute Seite hat. Vielleicht entdecken Sie dann, daß er ehrlich oder gütig, fleißig oder tüchtig, sparsam oder solid, freundlich oder versöhnlich, rechtschaffen oder treu, zuverlässig oder pünktlich, hilfsbereit oder ordnungsliebend ist. Die eine oder andere dieser Eigenschaften wird er gewiß aufweisen. Dann danken Sie dafür und denken Sie mehr daran. So werden dann die unangenehmen Eigenschaften bedeutend leichter zu tragen sein, weil ein Gegengewicht die Waagschale in den Ausgleich bringt oder sie gar auf die andere, positive Seite zieht. Sie werden wieder zufrieden und tragen damit entscheidend zum Frieden in Ihrer Ehe und Familie bei.

Vergessen Sie vor allem nie, für jede Leistung, auch für das gute Essen Danke zu sagen. Das kostet ja nichs, nur das Bewegen der Zunge und der Lippen – und das ist bekanntlich keine Anstrengung —, und doch tut es wohl und verleiht Freude zum weiteren Einsatz, währenddem beim Ausbleiben des verdienten Dankes die Freudigkeit am Arbeiten ersterben kann. Damit nimmt aber zwangsläufig die Qualität der Arbeit ab. Das gleiche Verhalten bewährt sich auch gegenüber den Eltern und den Kindern. Im steten Danken für jede gute Eigenschaft, für jedes gute Wort und jede gute Tat liegt ein großer Gewinn für alle. Und wenn dieses Danken eingebettet sein darf in die Dankbarkeit für die in Jesus Christus Ihnen angebotene Liebe und Gnade Gottes, dann dürfen Sie es erleben, wie Gott Ihre Ehe wieder zusammengefügt in einer vorher nie gekannten Treue, in seinem Frieden und Segen, so daß Sie einander alles vergeben können, was Sie jetzt vielleicht noch gegeneinander vorbringen.

Sorgen

Darüber hinaus kann Ihnen jedoch noch manche andere Sorge zu schaffen machen, wie sie in einer Familie manchmal auftaucht. Wohin damit? – In der Bibel erhalten Sie die Antwort: »Alle eure Sorge werfet auf Gott, denn er sorgt für euch!« (1. Petr. 5, 7). Sie sollen demnach Ihre Sorgen auf Gott werfen und müssen daher noch das Sorgenwerfen lernen. Von der Turnstunde her wissen Sie wahrscheinlich noch, wie der Ball geworfen werden muß, damit man im Ballspiel obenauf schwingt. Die guten Werfer stehen darum in der Schule hoch im Kurs. Jede Partei ist froh, wenn sie den besten Werfer auf ihrer Seite hat, also den, der am weitesten werfen, am schärfsten schießen und am genauesten treffen kann. Ähnlich verhält es sich auch beim Sorgenwerfen. Wohl dem, der seine Sorgen möglichst weit von sich werfen und genau ins Ziel bringen kann.

Hierfür benötigen Sie betende Hände und ein glaubendes, vertrauendes Herz. Werfen Sie im Gebet und Vertrauen Ihre Sorgen immer wieder weit von sich weg, bis zu Gott – und nicht nur bis zu den Menschen, denen Sie vielleicht bis anhin ihr Leid klagten. Doch diese können Ihnen nicht viel abnehmen, so daß letztlich das meiste auf Ihnen liegen bleibt. Sie müssen die Sorgen zudem scharf werfen, entschlossen und mit vollem Krafteinsatz, indem Sie vom Sorgen nichts mehr wissen wollen, weil es sich mit dem Vertrauen zu Gott nicht in Einklang bringen läßt, der ja für Sie sorgen will und kann. Sie müssen zudem genau zielen lernen und die Sorgen nicht irgendwohin, sondern auf Gott werfen. Dabei müssen Sie wie beim Werfen eines Balles das Ziel fest ins Auge fassen: Nur so können Sie treffen.

Schauen Sie darum nicht auf die Sorgen und Umstände, sondern auf Gott – betend und vertrauend. Dann nimmt er sie Ihnen ab und sorgt für Sie. Und wenn diese von neuem ihr Haupt erheben, dann schließen Sie im Gebet Ihre Augen vor ihnen und wenden Sie sich an Gott mit den Worten: »Ich danke Dir, lieber himmlischer Vater, daß Du für mich sorgst und daß ich alle meine Sorgen auf Dich werfen darf.«

Sollten Sie hierin doch noch etliche Mühe haben, dann beachten Sie den folgenden Hinweis. Wenn Gottes Wort Sie heißt, alle Ihre Sorgen auf den Herrn zu werfen, dann bedeutet das zugleich, daß die Sorgen nicht *Sie*, sondern nur *Ihn* etwas angehen, der ja für Sie sorgen will.

Wohl sollen Sie Ihr Möglichstes tun, um sich ihrer zu erwehren, indem Sie mit Gottes Hilfe und mit Ihrer Hände Arbeit versuchen, daraus herauszukommen, jedoch ohne sich vom Sorgengeist quälen zu lassen. Denken Sie darum beim Auftauchen aller ängstlichen Sorgen: »Das geht mich nichts an! Das geht nur meinen Herrn etwas an!« Und wenden Sie sich zugleich auch betend an ihn mit den Worten: »Ich danke Dir, lieber Herr, daß das alles mich nichts angeht, daß es nur Dich etwas angeht. Ich danke Dir, daß Du auf das beste für mich sorgst!«

Gestatten Sie mir, daß ich in diesem Zusammenhang noch eine Bitte ausspreche. Sie bezieht sich auf die Möglichkeit, daß im Leser Fragen erwachen, für die er eine Antwort vom Verfasser erhalten möchte, indem er ihm schreibt. Das ist sehr verständlich. Aber es ist mir ganz unmöglich, eine zusätzliche Korrespondenz zu bewältigen, da meine Zeit und Kraft durch die Arbeit in der Gemeinde, durch die Evangelisation von Mann zu Mann sowie durch die Mitarbeit im Evangeliumsrundfunk und durch andere Verpflichtungen bereits voll in Anspruch genommen ist. Ein zusätzlicher Briefwechsel würde mich zwingen, entweder die Gemeindearbeit zu vernachlässigen oder Raubbau an der eigenen Gesundheit zu treiben – und beides wäre vor Gott nicht zu verantworten. Ich muß darum herzlich bitten, davon abzusehen. Da es zudem nach meiner Überzeugung in der näheren oder weiteren Umgebung jedes Lesers bewährte und an der Bibel geschulte Christen gibt, möchte ich raten, sich an einen von ihnen zu wenden. Im persönlichen Gespräch kann ja auch weit eher die nötige Hilfe geleistet werden als auf brieflichem Wege. Dadurch würde mir die oben erwähnte Bitte in freundlicher Weise erfüllt – und dafür danke ich Ihnen herzlich.

Ungeduld

Vielleicht spielt die Ungeduld Ihnen immer wieder einen Streich, indem Sie nicht warten können, bis Ihre Nöte und Leiden ein Ende nehmen. Sie führt in große innere Not hinein, weil es nie rasch genug und nie gut genug gehen kann, so daß die Hast, die Angst und Bangigkeit das Regiment führen und an Ihrer Nervenkraft zehren. Die Geduld aber würde diese Not wenden. Deshalb ist sie so notwendig. Darum hat auch die Bibel nur zu recht, wenn sie sagt: »Geduld ist euch not!« (Hebr. 10, 36). Damit ist die kraftvolle Geduld gemeint, die nicht nur einem dünnen Faden gleicht, der bei der geringsten Belastungsprobe reißt. Echte Geduld gleicht einer großen Kraft. Das zeigt sich insbesondere in Zeiten der Trübsal und Krankheit. Wieviel besser ist doch der Geduldige dran als der Ungeduldige! Wo aber können Sie diese Geduld bekommen? – Bei Gott, der selbst so unendlich viel Geduld mit uns hat. Danken Sie ihm dafür, täglich! Im Danken nehmen Sie diese Geduld in sich auf. Danken Sie ihm so, daß Sie die empfangene Geduld Gottes, von der Sie Tag für Tag leben, nicht nur für sich genießen, sondern weitergeben an Ihre Kinder und Ihre Mitmenschen. Sie werden damit nicht nur ihnen, sondern vor allem sich selbst das Los wesentlich erleichtern.

Einen hilfreichen Hinweis mag es Ihnen bieten, wenn Sie hören, daß die »Geduld« im griechischen Urtext die Bedeutung hat von »Darunterbleiben«. Es ist damit ein Aushalten und Durchhalten gemeint wie beim Soldaten, der auf gefährlichem Posten steht. So ruft Gottes Wort Ihnen zu, wenn Sie allem Schweren entfliehen möchten: »Bleibe darunter! Sage ja zu dem Platz und Weg, auf den Gott dich gestellt hat!« Falls Sie unter dem Eindruck stehen, daß Sie damit überfordert werden, möchte ich Sie auf jemanden hinweisen, bei dem Sie das lernen können – Jesus Christus. Auch er ist in der Versuchung gestanden, dem Kreuz zu entfliehen. Seine eigenen Jünger haben ihn dazu verleiten wollen. Aber er blieb darunter und war gehorsam bis zum Tode, ja bis zum Tode am Kreuz. Und aus diesem gehorsamen Darunterbleiben ist Ihnen und mir ewiges Heil erwachsen. Und unter seinem Kreuz schenkt Gott auch Ihnen seine unendliche, vergebende Geduld. Da dürfen Sie Tag für Tag von seiner Geduld leben und in dieser Kraft durchhalten, sofern Sie nie müde werden, dafür zu danken.

Dankbarkeit

Haben Sie schon bemerkt, welche große Bedeutung in dieser Schrift der Dankbarkeit beigemessen wird, wie wir Menschen mit ihrer Hilfe all das erlangen und behalten können, was wir für die Genesung der Seele benötigen? Sie stellen wahrscheinlich noch die Frage, wie es sich denn mit all dem verhalte, was Sie schmerzt, was Ihnen Sorge bereitet, z. B. mit der Krankheit oder einer Ehe- und Familiennot. Kann und soll man da auch noch danken? Ja, dann nämlich, wenn Sie auf diejenigen schauen, welche es noch schwerer haben als Sie – in den Spitälern und Krankenzimmern, in ihren Schmerzen und Leiden mannigfacher Art, oder in den Hungergebieten, in den unterentwickelten Ländern! Dort, wo es keine medizinische Hilfe gibt, wo keine Freiheit und Ordnung bestehen. Denken Sie an diese Zustände – und Sie haben wieder viel Grund zum Danken.

Falls dieser Hinweis nicht ausreichen sollte, dann möchte ich Ihnen noch einen hilfreichen Rat mitgeben. Gehen Sie immer wieder etwa in ein Spital für Chronischkranke und besuchen Sie dort einige Insassen. Sie bereiten damit diesen und auch sich selbst viel Freude. Sie werden aber auch wieder danken können für das, was Gott

Ihnen noch immer schenkt, nachdem Sie Menschen gesehen haben, die als Geistesschwache, Gelähmte, Blinde, Verkrüppelte, vielleicht ohne Hände, Arme oder Beine sich zeitlebens pflegen lassen müssen. Dann können Sie die eigene Bürde wieder um so eher tragen.

Ist es aber nicht unmöglich, in der Not zu danken? – Menschlich gesehen schon, aber hier beginnt die Hochschule des Glaubens, wo das Wichtigste gelernt werden muß, daß nämlich Gott denen, welche ihn lieben, alle Dinge zum Besten dienen läßt, d. h. auch zur Besinnung, zum Stillewerden vor ihm, zur Erziehung, Läuterung und Zubereitung auf die Ewigkeit, zur Umgestaltung in sein Bild. – Karl Friedrich Harttmann faßt diese Tatsache in die folgenden Worte:

Durch die Leiden prägt der Meister
in die Herzen, in die Geister
sein allgeltend Bildnis ein.
Wie er dieses Leibes Töpfer,
will er auch des künftgen Schöpfer
auf dem Weg der Leiden sein.

Leiden sammelt unsere Sinne,
daß die Seele nicht zerrinne
in den Bildern dieser Welt,
ist wie eine Engelwache,
die im innersten Gemache
des Gemütes Ordnung hält.

Leiden macht im Glauben gründlich,
macht gebeugt, barmherzig, kindlich;
Leiden, wer ist deiner wert?
Hier heißt man dich eine Bürde;
droben bist du eine Würde,
die nicht jedem widerfährt.

Sehen Sie, der natürliche Mensch mit seinen charakterlichen Ecken und Kanten ist für den heiligen Gott unansehnlich. Gott möchte ihn darum so umgestalten, daß er ihm gefällt. Die Situation ist hier ähnlich wie dort, wo ein Bildhauer seinen unbehauenen Marmorblock vor sich hat. Er sieht in seinem Geist darin bereits die schöne Gestalt, welche er herausmeißeln will. So möchte auch Gott aus uns Sündern Menschen machen, die ihm gefallen, indem er all das zu beseitigen sucht, was ihm an uns mißfällt. Das aber ist mit Schmerzen verbunden, gegen die wir uns unwillkürlich zur Wehr setzen. Auch wecken Schmerzen in uns leicht den Verdacht, es könnte uns schaden – doch Gott macht keine Fehler, so wenig wie jener Bildhauer, der einen Marmorklotz bearbeitete und von einem Besucher mit Fragen bestürmt wurde. Als dieser fragte, was er mache, wenn er einmal ein Stücklein zuviel vom Marmor wegschlage, erhielt er die Antwort: »Kommt nicht vor!« Als jener weiter forschte, ob bei einem Fehlschlag der ganze Stein weggeworfen werden müsse und wer für den Schaden aufzukommen habe, wo er den neuen Block kaufen wolle, erhielt er jedesmal die Antwort: »Kommt nicht vor! Kommt nicht vor!«

Bei Gott kommt das erst recht nicht vor. Er schlägt nicht zuviel weg. Er verursacht keinen Schaden, auch wenn es noch so schmerzt. Ihm unterlaufen keine Fehler. Es muß Ihnen wirklich alles zum Besten dienen. Glauben Sie das und danken Sie ihm dafür! Sie erfahren dadurch eine wesentliche Erleichterung Ihrer Lasten.

Vor allem dürfen Sie erleben, wie Gott Ihnen weit mehr schenkt an Hilfe, Trost und Kraft. Dankbare Menschen werden von ihm reicher beschenkt als undankbare, so wie auch wir den Dankbaren eher helfen als den Undankbaren. Jene Menschen, welche in besonderer Weise Gottes Erhörungen erlebten und noch erleben, waren vor allem sehr dankbare Christen, die Gott allezeit und für alles dankten. Denken Sie immer daran! Aber denken Sie nicht bloß daran, sondern danken Sie auch allezeit und für alles. So – im Danken – erfahren Sie die heilende, froh- und zufriedenmachende Kraft des Dankens. Dadurch wird Ihnen das Danken immer mehr zum freudigen, herzlichen Bedürfnis, weil es der Freude die Bahn bricht, auch in das traurige und verzagte Herz.

Doch jetzt erhebt sich noch eine Frage: Wohin mit all der Undankbarkeit, welche unser Leben aufweist, mit all dem Schmerz, welchem wir damit Gott zugefügt haben, mit aller Schuld, die wir dadurch auf uns geladen haben? Können wir damit so ruhig zur Tagesordnung übergehen? Nein! Vielmehr verlangt Gott, daß wir diese Undankbarkeit von Herzen bereuen und ihm bekennen. Dann aber dürfen und sollen wir von Herzen dem Herrn Christus dafür danken, daß er auch diese Schuld mit seinem Blut bezahlt hat. Wenn wir ihm zudem als Dankopfer unser Leben weihen, dann wird uns das Größte zuteil, für das wir nie genug danken können – die Vergebung aller Schuld und der Friede mit Gott, der zur Heilung der Seele führt.

Auch Sie werden und dürfen dahin gelangen, wo Sie Gott für alles von Herzen danken können, auch für das Schwere, durch das er Sie zu sich gezogen hat und zieht. Sie werden erkennen, daß alles Leiden nur dem rauhen Packpapier gleicht, in dem Gott Ihnen das größte Geschenk seiner rettenden und erziehenden Liebe darreicht und bewahrt. Stoßen Sie sich darum nicht länger am unschönen Packpapier, sondern freuen Sie sich am wunderbaren Inhalt und danken Sie täglich dafür.

Wenn Sie das erfassen und es lernen, allezeit für alles zu danken, was Gott Ihnen schickt, dann dürfen Sie eine weitere große Entdeckung machen – daß nämlich dieses Danken für alles verglichen werden kann mit einer Mühle, in welche Sie oben die dicken, schweren, unverdaulichen Brocken Ihrer schmerzlichen Erlebnisse oder Empfindungen hineinwerfen können. Und dann sehen Sie, wie sie unten als feines, verdauliches Produkt herauskommen. Sie werden ähnliches erleben wie eine Lehrerin, die zu dem bekannten Pastor Modersohn kam und ihm klagte, daß sie unter ihrem Rektor so arg zu leiden habe, weil sie von ihm immer zurückgesetzt und mißachtet werde. Daraufhin stellte ihr Modersohn die Frage: »Haben Sie Gott auch schon für Ihren Rektor gedankt?« Die Lehrerin glaubte, nicht recht gehört zu haben, fand zunächst keine Worte und stieß dann hervor: »Geda-a-ankt?!« Dann fragte sie entsetzt, wie er ihr nur so etwas Unmögliches zumuten könne. Er erwiderte, daß er eben auch darin Gottes erziehende und weise Liebe sehe. Deshalb rate er ihr, sich in Zukunft nicht mehr über den Rektor zu beklagen, sondern für ihn zu danken. Die Lehrerin befolgte diesen Rat – und siehe da! Schon nach kurzer Zeit merkte sie nichts mehr von Schikanen, von Hintansetzung, sondern es wurde ihr klar, daß er eigentlich ganz korrekt sei. Und wie kam das? – Sie selbst hatte eine andere Einstellung gewonnen und bekam so wieder Freude an ihrem Arbeitsplatz. – Machen Sie es doch auch so! Danken Sie für alles – und es entsteht für Sie daraus ein großer Gewinn.

Lassen Sie mich nun noch ein Gebiet erwähnen, auf dem die Erkrankung der Seele besonders schwerwiegend zur Auswirkung kommt, nämlich die Bindung süchtiger Art. Vielleicht ist es die Trunksucht, unter der ein Mensch leidet. Er hat schon den Entschluß gefaßt, keinen Tropfen Alkohol mehr zu trinken – und dann mußte er es doch wieder tun. Es kann auch die Selbstbefriedigung oder die Unzucht sein, der die Kräfte geopfert werden – oder das Rauschgift, welches sein Opfer unausweichlich in seiner Gewalt festhält, ferner die Geldgier oder das Lesen schlechter Literatur. Es kann sich auch um irgend etwas anderes handeln, das zur Leidenschaft geworden ist, so daß Sie nicht mehr frei darüber stehen, sondern davon beherrscht werden, vielleicht das Rauchen, das Kartenspiel, das Schachspiel, das Fernsehen oder Radiohören, der Kinobesuch, das Münzen- oder Markensammeln – oder eine andere Sucht. Vielleicht kennen auch Sie eine Leidenschaft, mit der Sie sich bis jetzt umsonst abgemüht haben, ohne eine Lösung zu finden. Aber es gibt eine Lösung! Die Lösung, *Ihre* Lösung liegt in der *Erlösung!* Jesus Christus hat für Sie und für Ihre Gebundenheit die Lösung schon bereit – in seiner am Kreuz vollbrachten Erlösung. Er befreit Sie und macht Sie ganz frei, sobald Sie sich entschlossen davon lösen wollen, indem Sie es als Sünde erkennen, aufrichtig bereuen und bekennen. Wenn Sie sich so Jesus Christus als Ihrem Erlöser und Herrn ausliefern, kann und wird er Sie erlösen und Sie ganz und wahrhaft frei machen.

Jesu Liebe kann erretten,
seine Hand ist stark und treu.

Er zerbricht der Sünde Ketten
und macht alles, alles, neu.

Glauben Sie es doch und übereignen Sie sich ihm! Vielleicht möchten Sie es gerne glauben, haben aber noch mit Zweifeln zu kämpfen und fragen, ob denn Jesus überhaupt lebe und Sie befreien könne. Gewiß, auch Sie dürfen zu dieser Befreiung und Freude gelangen, wenn Sie aufrichtig nach seiner Gnade und Erlösung verlangen und die folgenden Worte als herzliche Bitte nachsprechen:

»Jesus Christus, wenn du lebst, wenn du am Kreuz auch für mich gestorben bist und wirklich eine Erlösung geschaffen hast, dann erlöse auch mich von meiner Sünde und Schuld, dann nimm mich jetzt an als dein Eigentum, ich übergebe dir mein Leben. Amen!«

Jesus Christus erhört Sie und übernimmt die Führung Ihres Lebens. Danken Sie ihm dafür!

Okkultismus

Oder können Sie immer noch nicht glauben, trotz aufrichtigem Wollen? Haben Sie beim Beten etwa noch das Gefühl, Sie reden nur an eine Wand, und es höre Ihnen niemand zu? – Dann prüfen Sie, ob Sie vielleicht in einen der zahlreichen Schlupfwinkel geraten sind, in welche der Teufel den Menschen lockt. Die Bibel redet von »Beherrschern dieser Welt der Finsternis«. Das ist ein Merkmal des Teufels. Er liebt die Finsternis. Darum ist alles Dunkel so gefährlich. In allen geheimnisvollen, heimlichen und obskuren Dingen ist seine Macht besonders groß.

Welches sind nun seine bevorzugten Schlupfwinkel? All das, wodurch wir mit Hilfe von dunklen, geheimnisvollen Mächten uns das Glück sichern, die Gesundheit erwerben oder die Zukunft erfahren wollen, statt dies alles von Gott zu erwarten und von den Gottesgaben, die er uns dazu geschenkt hat.

Dazu gehören alle Dinge, die mit Aberglauben zusammenhängen. Aller Aberglaube ist der Feind des Glaubens und daher von vorneherein der beste Freund des Bösen. Da sind einmal all die vielen geheimnisvollen Handlungen, die um Mitternacht bei Mondschein vorgenommen werden, um irgend etwas Gutes oder auch Böses damit zu erreichen; ferner das Holzanrühren oder der Ausspruch »Toi Toi Toi«, hinter dem – den meisten unbewußt – die Buchstaben »Teu . . .«, also »Teufel« stecken. Dann der Gebrauch von Talismanen, Amuletten, Glücksketten, Brand- oder Himmelsbriefen, von Hufeisen, sog. »Friedenskreuzen« oder »Gamma-Armspangen«, die Ruhe vermitteln sollen; das Ratholen bei Wahrsagern, Kartenlegern, Punktier- oder Traumbüchern oder beim 6. und 7. Buch Mose (einem Zauberbuch, das mit Mose nicht das geringste zu tun hat!); weiter das Erforschen der Zukunft (die in *Gottes* Hand liegt!) und anderer Dinge durch Horoskope, Bleigießen in der Neujahrsnacht und allerlei Wahrsagerei (aus den Linien der Hand, aus Karten, dem Wahrsagespiegel, dem Kaffeesatz, dem Wein oder mit Hilfe von Pendel oder Rute). Ferner zählen zu diesen gefährlichen Dunkelkünsten die Zauberei, die weiße und schwarze Magie und der Spiritismus (Totenbeschwörung und andere Verbindungen mit Toten, Tischerücken, Tischchenklopfen, Verwendung von Medien zu ähnlichen Zwecken).

In diesem Zusammenhang muß auch dringend davon

abgeraten werden, solche Handlungen (spiritistische Sitzungen, Darbietungen eines Zauberers oder Hypnotiseurs) anzusehen, selbst wenn sie durch das Fernsehen gezeigt werden. Es ist keineswegs belanglos, was Sie sehen oder hören. Es beeinflußt und bestimmt Ihr Denken und insbesondere Ihr Unterbewußtsein, und zwar in weit größerem Ausmaß, als es Ihnen bewußt ist.

Aus der Betrachtung okkulter Handlungen kann sich leicht eine seelische Belastung ergeben. Selbst vor entsprechender Lektüre kann nicht ernstlich genug gewarnt werden. Auch wer sich hierüber eingehend informieren will, begibt sich in gefährliches Gebiet und gerät von Jesus Christus, von Gott weg. Weit wichtiger ist die Information, welche Gott durch sein Wort in der Heiligen Schrift gibt, z. B. in 5. Mose 18, 9–15; Jesaja 8, 19–22; Micha 3, 5–7; Jeremia 29, 8–9; Offenbarung 21, 8; 22, 15.

Gottes Wort verzichtet aber auf ausführliche Beschreibungen dieser okkulten Vorgänge und legt uns damit auch vorsichtige Zurückhaltung nahe. Es handelt sich eben nicht um eine bloße sachliche Information, die man aus ungefährlicher Distanz gewinnen kann, ohne davon berührt, ja erfaßt zu werden. Das Gleiche trifft zu im Blick auf die Sex-Literatur und die Sex-Filme. Wer sich darin zu informieren sucht, wird selbst mehr und mehr in diesen abgrundtiefen Schmutz geraten und von Jesus Christus, von Gott wegkommen. Gott schauen kann nämlich nur, wer reinen Herzens ist und reinen Herzens bleibt (Matth. 5, 8).

Auf allen diesen Gebieten gilt es unbedingt, die Mahnung zu beachten, welche Jesus in Matthäus 5, 29 ausgesprochen hat: »Wenn dich dein rechtes Auge zur Sünde verführt, so reiße es aus und wirf es von dir: Denn es ist besser für dich, daß eins deiner Glieder verloren geht und nicht dein ganzer Leib in die Hölle geworfen wird.«

Diese Warnung läßt sich an Dringlichkeit kaum überbieten und zeigt den ganzen Ernst der Gefahr auf, welche demjenigen droht, der sich über alles und jedes informieren will, um sein Bewußtsein zu erweitern. Widerstehen Sie darum beharrlich dieser Versuchung und schauen Sie nichts Derartiges an!

Besonders groß ist der Wirkungsbereich der dunklen Mächte überall dort, wo es um eine geheimnisvolle Art der Krankenheilung geht; denn nicht nur Gott, auch der Teufel kann heilen, aber er verlangt unsere Seele dafür! Auch hier bedient er sich nicht der klaren Kunst des Arztes, sondern mit großer Vorliebe all der Heilmethoden, die uns unverständlich, unserer Erkenntnis nicht zugänglich, heimlich und dunkel sind, wie z. B. der »wunderbaren« Heilkraft eines Menschen auf Entfernung (ein telefonischer Anruf bei einem solchen »Arzt« oder ein Brief genügt!), der Magnetopathie oder »Sympathie«; der Diagnose oder gar Heilung mit Hilfe einer Photographie des Kranken oder des Urins oder irgendeines Gegenstandes, der ihm gehört, über dem dann »gependelt« wird, oft auch der Diagnose aus den Linien der Hand oder der Augendiagnose. – Auch der wissenschaftlich ausgebildete Arzt erkennt in den Augen gewisse Symptome, z. B. bei Fieber, Gelbsucht, basedowscher Krankheit, bei Gemüts- und Geisteskrankheiten. Aber er wird niemals darauf allein abstellen können, ohne eine weitergehende Untersuchung durchzuführen.

Die sog. Augen-Diagnose wurde von der medizinischen

Wissenschaft eingehend geprüft, schon deshalb, weil sie für die Ärzte eine große Ersparnis an Zeit und Kraft gebracht hätte, aber das Ergebnis war völlig negativ, und das Urteil lautete, es sei Humbug. Wenn jedoch von anderer Seite behauptet wird, daß die Krankheitsursache auf diese Weise richtig erkannt worden sei, dann liegt die Erklärung hiefür darin, daß es sich um eine hellseherische Fähigkeit handelt. Und da kann ich nur raten: Hände weg davon!

Noch ein Wort zur Akupunktur: Diese Heilmethode entstand vor über 4000 Jahren in China. Es handelt sich um eine Behandlungstechnik, bei der an bestimmten Stellen des Körpers goldene oder silberne Nadeln eingestochen werden, um dadurch »das gestörte körperliche Gleichgewicht wieder herzustellen«. Die Akupunktur gründet sich auf die alte Religion Chinas, in deren Zentrum das Universum, das Weltall mit all seinen Teilen und Erscheinungen steht.

Das Grundprinzip dieser Lehre offenbart sich im Tao, einem Welt-Gesetz, das sich in Natur, Moral und Kultus kundtut. Es schließt in sich den Glauben an Einwirkungen des Universums auf den Menschen und sucht Verbindung mit magisch-okkulten Kräften sowie mystische Versenkung mit Hilfe von Meditations-Übungen.

Daraus folgt, daß echte Akupunktur vom Heilkundigen eine Hineinversenkung in den Geist des Tao und eine Art mystischer Meditation fordert. Deshalb haben diejenigen modernen Ärzte nicht Unrecht, die behaupten, daß die echte chinesische Akupunktur eine okkultistische Kunst und mit Magie, Alchimie und Wahrsagerei zu vergleichen sei. Wie stark die echte Akupunktur mit okkulten Kräften arbeitet, geht daraus hervor, daß in der parapsychologischen Erforschung des Faktors PSI besonders in den Oststaaten die Akupunktur als Forschungswerkzeug benützt wird, um in die okkulten Gebiete einzudringen und Menschen in ein okkultistisches Medium umzugestalten.

Daher kann davor nur gewarnt werden, sich einer Akupunktur-Behandlung zu unterziehen, auch wenn zahlreiche sowjetische und westeuropäische Ärzte sie regelmäßig anwenden.

Angesichts der mannigfachen okkultistischen Heilmethoden, die bald in dieser, bald in jener Gestalt angewandt werden, ist es dringend nötig, sich vor und während der Behandlung betend und glaubend unter den Schutz Jesu Christi zu stellen, um vor Schaden bewahrt zu bleiben. Verhalten Sie sich gegenüber allen Heilpraktikern so, auch wenn sie Ihnen von frommen Leuten empfohlen worden sind, denn dann funktioniert eine okkulte Methode nicht. Dies ist besonders nötig bei jeder Art von »Para-Psychiatrie«. Wer sich aber mutwillig, in Kenntnis der dunklen Hintergründe, in eine okkulte Behandlung begibt, wird Schaden an seiner Seele nehmen.

Doch lassen Sie sich nicht täuschen! Der Wolf kann auch im Schafspelz kommen und der Satan als ein Engel des Lichts! Die Anrufung der »Höchsten Drei Namen«, das »Unser Vater« oder irgendwelche frommen Sprüche sind noch lange kein Beweis dafür, daß hier wirklich Gott am Werke ist. Darauf allein aber kommt es an, wenn wir Gottes Namen brauchen: Ob wir ihn in *seinem Geiste* brauchen. Andernfalls ist es Mißbrauch des Namens Gottes und somit Sünde. Gottes Wort ist kein Zaubermittel und darf nicht zum Zauberspruch degradiert werden. Wer mit Hilfe des Gotteswortes heilen, besprechen, Unglück im Stall verhüten, Geister anrufen oder vertreiben oder Heilkräuter behandeln will, versündigt sich schwer gegen Gott. Wohl darf und soll Gott um Hilfe und Heilung angerufen werden, aber nicht indem wir seinen Namen wie ein Zauberwort benützen, sondern nur indem wir zu ihm beten, im Gebet ihm alles anvertrauen und von ihm alles erwarten, ihn dabei aber nicht durch unseren Willen zwingen wollen zu tun, was wir »befehlen«, sondern bereit sind anzunehmen, was immer er uns schickt, da denen, die Gott lieben, ja *alle* Dinge zum Besten dienen! Ebenso ist die Bibel nicht dazu da, daß wir sie brauchen wie einen Talisman, als Schutz gegen allerlei Übel, indem wir sie unter das Kopfkissen legen oder anderen Unfug mit ihr treiben, sondern damit wir sie lesen und durch sie Gott zu uns reden lassen, dadurch seinen Willen kennenlernen und sein Eigentum werden.

Gewarnt sei in diesem Zusammenhang auch vor verschiedenen Irrlehren, die Gottes Wort verdrehen und verderben. Sie scheinen uns zwar den Glauben zu bringen, doch ist es Irrglaube, was sie uns vermitteln, weil sie das »Christus allein« unterdrücken, indem sie neben Christus irgendein Fündlein, eine Spezialität stellen, die sie als notwendig zur Erlangung des Heils anpreisen. Dahin gehören z. B. die Christliche Wissenschaft (die gar nicht gesund-»betet«, sondern gesund-»denkt«, die Krankheit wegzudenken versucht), die Anthroposophie, Theosophie, die Neuapostolen, Zeugen Jehovas (Ernste Bibelforscher), Adventisten (Sabbatisten), Mormonen (Heilige der letzten Tage), Father Divine und anderes mehr. Lauter Lehren, in denen sich menschliches Gedankengut mit einigem Christlichem vermischt und uns dadurch für den Heiligen Geist und den durch ihn bewirkten, befreienden Christusglauben verschlossen macht.

In diesen Zustand der Verschlossenheit oder Verstokkung gerät der Mensch auch dann, wenn er den Gehorsam gegenüber dem Ruf Gottes zur Umkehr immer wieder verweigert und die Entscheidung für Jesus Christus hinausschiebt. Darum mahnt die Heilige Schrift: »Heute, wenn ihr seine Stimme hören werdet, so verstocket eure Herzen nicht.«

Die gleichen Folgen zeitigt die Beschäftigung mit den hinduistischen, mohammedanischen und buddhistischen Lehren und Praktiken, also mit den sogenannten Hochreligionen des Ostens (Buddhismus, Islam, Hinduismus, Bahai). Auch bei der Yoga-Meditation werden Ausdrücke verwendet, in denen heidnische Gottheiten angerufen und geehrt werden. Davor kann nicht genug gewarnt werden, weil das zur Trennung von Gott und Christus führt. Dasselbe ist zu sagen im Blick auf den Guru-Kult sowie auf alles, was da von Osten hereinflutet und Erlösung verspricht. Es handelt sich dabei im Grunde genommen um Selbsterlösung, die in allen Fällen die wirkliche Erlösung ausschließt, welche Christus allein schenken kann. Dies gilt auch für den Fall, wo der Mensch sich mit der Kraft seines positiven Denkens zu erlösen oder zu verändern sucht.

Hier handelt es sich im Grunde genommen um Auto-Suggestion, d. h. um Selbst-Beeinflußung unter mißbräuchlicher Verwendung von Bibelworten. Währenddem in der Bibel und in den göttlichen Verheißungen dazu aufgefordert wird, daß der Mensch sein Vertrauen völlig auf Gottes Kraft und Hilfe setze und alles im Gebet ihm anbefehle, wird hier an die Kräfte im Menschen, in seiner Seele, seinem Geist und Willen appelliert. Das kommt jedoch dem Versuch zur Selbsterlösung gleich – und davor müssen wir uns strikte hüten, denn damit gehen wir an der Erlösung durch Jesus Christus vorbei. Von dieser alleinigen, wirklichen Erlösung wird denn auch in der »Kraft positiven Denkens« nichts gesagt, so wenig wie von der unerläßlichen Voraussetzung zur wirklichen Erlösung und zum Empfang der göttlichen Gaben, nämlich von der Buße.

Sie wenden vielleicht ein, daß Sie in alledem nichts Nachteiliges und Schlimmes sehen können. Da möchte ich Ihnen den Rat geben, sich ganz ernsthaft folgende Frage zu stellen: »Hat seit der Anwendung dieser oder ähnlicher Methoden das Bedürfnis nach dem Zwiegespräch mit Gott, nach dem täglichen Gebet, nach dem Lesen und Hören von Gottes Wort und nach der Gemeinschaft mit Gotteskindern nicht immer mehr abgenommen oder gar aufgehört?« Wenn ja, dann gibt es nur eine Möglichkeit, um nicht in der Gottesferne zu versinken: *sofort aufhören damit!*

Stellen Sie sich diese Frage bei *allem,* was Ihnen empfohlen oder angeraten wird, denn nur so können Sie sich vor der anschwellenden Flut des Okkultismus schützen.

Sie wenden vielleicht ein, daß Sie unter den Anhängern dieser Irrlehren, Religionen oder Methoden solche kennen, die sich durch viel Güte, Hilfsbereitschaft und einen feinen Charakter auszeichnen. Ich bestreite das in keiner Weise; aber das ändert nichts an der schmerzlichen Tatsache, daß sie sich auf einem *Irrweg* befinden, der an Jesus Christus, dem einzigen Retter, und an Gott vorbei – und damit immer weiter von ihm weg anstatt zu ihm hinführt. Jesus Christus ist der Weg. Niemand kommt zum himmlischen Vater außer durch ihn.

Ich sehe mich auch noch genötigt, etwas über die sogenannte »Gruppen-Dynamik« zu sagen. Es handelt sich dabei um eine psychische Schulungsmethode. Dank ihr kann z. B. ein guter Lehrer solchen Schülern, die durch Angst, Verklemmung oder Minderwertigkeitsgefühle im Lernen behindert sind, eine große Hilfe leisten. Er kann sie erleben lassen, daß sie sich in einer Gruppe von Schülern als vollwertige Glieder fühlen dürfen und dadurch auch Mut zum Lernen bekommen.

Wenn jedoch die Gruppendynamik sich nicht auf erzieherische Hilfe bezieht, sondern auf die Wahrheitsfrage, wenn sie darauf ausgeht, die biblische Wahrheit, die Einmaligkeit Jesu Christi und seines Evangeliums in Frage zu stellen, wenn das »Christus allein«, »Durch Glauben allein« in Zweifel gezogen wird, dann gibt es von der Heiligen Schrift aus nur ein klares und entschiedenes nein. Bedenken Sie stets das Wort Jesu: »Die Wahrheit wird euch frei machen!«

Jede Verwässerung der biblischen Wahrheit, jede Anpassung an unbiblische Lehren oder Behauptungen aber wird Sie der Freiheit, der Erlösung und des Heils berauben. Darum kann vor der Teilnahme an solchen gruppendynamischen Experimenten nicht genug gewarnt werden, besonders wenn sie im Bereich kirchlicher Veranstaltungen durchgeführt werden, vielfach unter der Flagge »Heiterkeit«, »Freude«, »Versöhnung«.

Der christusgläubige Mensch wird nämlich dabei in eine Stimmung und Situation hineinmanövriert oder manipuliert, wo er sich mit seinem Glauben als »Störenfried«, als lästiger Außenseiter fühlen muß, wenn er sein Vertrauen weiterhin allein auf Jesus Christus, den gekreuzigten und auferstandenen Erlöser und Herrn und auf die alleinige Gültigkeit der Heiligen Schrift setzt. Er wird dadurch, ohne daß er es merkt, dahin gedrängt oder gar gebracht, diesen Glauben aufzugeben.

Es ist nämlich keineswegs so, wie es zahlreiche Verfechter der Gruppendynamik behaupten, daß der Wille Gottes in der Gruppe erfahren werden könne. Vielmehr offenbart Gott seinen Willen durch sein Wort, in der Heiligen Schrift. In diesem Wort fordert er die Hingabe des Menschen an sich und seinen Sohn Jesus Christus. In dieser Hingabe erfährt der Mensch das Heil und die Befreiung, nicht in der Hingabe an eine Gruppe. Im Gegensatz hiezu fordert die Gruppendynamik die Hingabe des einzelnen an die Gruppe. Das einzelne »Ich« hat sich ganz dem »Wir« der Gruppe hinzugeben; es muß im »Wir« aufgehen.

Es ist das gemeinsame Ziel der verschiedenartigen gruppendynamischen Bewegungen, auf diese Weise die Persönlichkeit des einzelnen zu verändern, sich selbst und andere zu befreien. Damit messen sie sich göttliche Rechte und Fähigkeiten an, stellen sich in schroffen Gegensatz zum göttlichen Willen und führen den Menschen von Gott weg.

Dahin, nämlich zur Trennung von Gott, geraten Sie aber auch, wenn Sie sich gegen Gottes Ratschluß und Willen auflehnen. Durch das Hadern gegen ihn begeben Sie sich unwillkürlich ins Lager des großen Widersachers, indem Sie sich gegen Gottes Fügung aufbäumen und Gefahr laufen, immer tiefer in die Nacht der Gottesferne, der Angst und der Schwermut hineinzukommen. Dieser Nacht aber können Sie nur durch die demütige Beugung unter Gottes Willen und Führung entgehen, indem Sie zu Gottes Willen und Ratschluß ja und immer wieder ja sagen. Auf diesem Wege können Sie auch dieser Nacht wieder entrinnen, falls sie auch über Sie hereingebrochen sein sollte.

Was tun wir nun, wenn auf irgendeine Weise unser Herz von einem Irrgeist gefangen ist und wir die Freiheit der Vergebung und Erlösung in Christus nicht zu erlangen vermögen? – Zunächst müssen Sie all das vernichten und aus dem Hause schaffen, was zum Gebiet des Okkultismus gehört (alle Gegenstände wie z. B. Hufeisen, Gamma-Ringe, Talismane, Glücks- und Kettenbriefe, Pendel, Rute, Punktier- oder Traumbücher, 6. und 7. Buch Mose, Wahrsagekarten, spiritistische Schriften, Schriften und Bücher von Irrlehrern, Medikamente von »Wunderdoktoren«, Horoskope usf.). Es handelt sich dabei um Kontaktmittel zum Reich der Finsternis, mit deren Hilfe Satan seinen Machtanspruch aufrecht erhalten und weiterhin geltend machen kann, so daß Sie nicht zur vollen Befreiung gelangen. Verbrennen Sie darum alles, was davon brennbar ist oder vergraben Sie es und schaffen Sie es fort.

Dann werden auch Sie die Erlösung durch Jesus Christus empfangen dürfen. Die Bibel zeigt uns, daß Gebundene frei werden können und daß immer Christus selbst es ist, der befreit und den Teufel besiegt. Klammern Sie sich an die Tatsache: »Jesus ist Sieger!« Schleudern Sie diesen Ruf dem Satan so lange als Bekenntnis Ihres Glaubens, als Gebet und als Hilfeschrei zu Jesus entgegen, bis er weichen muß – denn Jesus *ist* Sieger! Sie werden ihn als Sieger und Befreier erfahren, wenn Sie so rufen.

Wenn Sie aber allein die Kraft nicht haben und auf diese Weise nicht zur vollen Befreiung gelangen, dann bitten Sie einen christusgläubigen Seelsorger um seinen Beistand. Das kann ein Pfarrer, ein Prediger, Evangelist oder irgendein entschiedener Christ sein, der den befreienden Sieg Jesu Christi an sich selbst erfahren hat und um seinen vollen Sieg über die Mächte der Finsternis weiß.

Räumen Sie aber zugleich auch alles hinweg, was die Befreiung unmöglich machen würde. Bekennen Sie zuvor dem Seelsorger jene Sünden, welche Ihnen trotz Ihrem Bitten um Vergebung keine Ruhe lassen, weil Gott von Ihnen das Bekenntnis vor einem Menschen verlangt. Das ist in der Regel der Fall, wenn Sie folgende Sünden begangen haben: Unzucht, Ehebruch, Vergehen gegen das keimende Leben, Betrug, Meineid, Mord, Diebstahl, Streit, Verleumdung, Fluchen, Spott. Es kann sich auch um etwas anderes handeln, das Sie plagt.

Außerdem müssen Sie das bekennen, was Sie unter einen okkulten Bann geführt hat. Vielleicht sind Sie unbewußt oder ungewollt in den Machtbereich der Finsternis geraten durch okkulte Praktiken Ihrer Vorfahren, die sich nach Gottes Wort bis ins dritte und vierte Glied auswirken können. Stehen Sie in aufrichtiger Reue dazu, auch wenn der Stolz sich dagegen sträubt. Bedenken Sie, daß Gott dem Hochmütigen widersteht und daß er nur dem Demütigen Gnade schenkt, der auf seine Forderung eingeht, sich vor einem Menschen demütigt und ausspricht. Dabei brauchen Sie jene Sünden, welche Sie vielleicht schon einmal einem gläubigen Menschen bekannt haben, nicht nochmals zu bekennen, denn für sie gilt das Bibelwort: »Wenn wir unsere Sünden bekennen, so ist Gott treu und gerecht, daß er uns die Sünden vergibt und uns von aller Untugend reinigt« (1. Joh. 1, 9).

Vielleicht haben Sie aber noch Einwände gegen das Gesagte, weil Sie nicht glauben können, daß es einen Teufel gibt. Gewiß, es gibt keinen Teufel mit den Hörnern und der Gabel, wohl aber als machtvolle, hochintelligente, geistige Person, die alles Böse verursacht und inszeniert. Und wenn Sie wirklich an Gott und seine völlige Wahrhaftigkeit glauben, dann müssen Sie auch das geltenlassen, was er in seinem Wort, in der Bibel sagt durch Menschen, die geschrieben haben »getrieben vom Heiligen Geist«. In der Bibel aber ist an 39 Stellen von Satan die Rede und an 37 Stellen vom Teufel. Darum zweifeln Sie diese biblischen Aussagen nicht an! Nehmen Sie sie vielmehr ernst. Das ist die Voraussetzung zur Befreiung. Die Wahrheit wird Sie frei machen – und im Eingehen auf die biblische Wahrheit dürfen Sie frei werden.

In demütiger Beugung und aufrichtiger Reue können Sie die Hindernisse auf dem Weg zur völligen Befreiung und Vergebung überwinden und von der Möglichkeit Gebrauch machen, sich von Satan und all seinem finsteren Wesen und Werk loszusagen. Sie dürfen die Erlösung durch Jesus Christus erleben, wenn Sie in Gegenwart eines gläubigen Zeugen mit ganzer Entschlossenheit sprechen:

> »Herr Jesus Christus! Habe Lob und Dank, daß Du mich mit Deinem teuren Blut reinigst und beschützest! In Deinem Namen und aufgrund Deines Sieges sage ich mich heute los vom Teufel und all seinem finsteren Wesen und Werk. Ich übergebe mich Dir, dreieiniger Gott, Vater, Sohn und Heiliger Geist, und ich will Dir im Glauben und im Gehorsam treu sein bis an mein Ende.«

Amen.

Hierauf darf Ihr Seelsorger Ihnen das zusprechen, was in Gottes Wort verbürgt ist:

»Lieber Bruder! Liebe Schwester! Vernimm, was Gottes wahres Wort dir zusagt und danke im Glauben dafür! Gott *hat* dich errettet von der Obrigkeit der Finsternis und *hat* dich in das Reich seines lieben Sohnes versetzt, an welchem du die Erlösung *hast* durch sein Blut, die Vergebung der Sünden (Kol. 1, 12).

Darum gilt sein Wort auch dir: Fürchte dich nicht, denn *ich habe dich erlöst*, ich habe dich bei deinem Namen gerufen, *du bist mein!* (Jes. 43, 1).

Ich, ich tilge deine Übertretungen um meinetwillen und gedenke deiner Sünden nicht (Jes. 43, 25).

Das Blut Jesu Christi, des Sohnes Gottes, *macht dich rein von aller Sünde* (1. Joh. 1, 7).

Jesus Christus spricht: Sei getrost, deine Sünden sind dir vergeben (Matth. 9, 2).

Meine Schafe hören meine Stimme, und ich kenne sie, und sie folgen mir, und ich gebe ihnen das ewige Leben, und sie werden nimmermehr umkommen, und *niemand wird sie aus meiner Hand reißen.* Amen.«

Verbringen Sie hierauf noch einige Zeit im stillen Gebet und danken Sie dem Herrn Jesus unaufhörlich dafür, daß er Sie von allen Bindungen erlöst hat und daß sein Blut Sie rein macht von allen Sünden.

Seien Sie auch nachher stets auf der Hut vor den Nachstellungen und Anfechtungen Satans, der Sie mit Zweifeln wieder aus der Verbindung mit Jesus Christus herauszureißen sucht. Deshalb wird er in Ihnen immer wieder die Frage aufwerfen: »Bin ich wirklich erlöst? Hat

Jesus mich wirklich befreit und mir alles vergeben? Kann das stimmen?«

Lassen Sie sich dann bitte nicht auf diese Gedanken oder Fragen ein, sondern wenden Sie sich sofort und entschieden davon weg und hin zu Jesus Christus, indem Sie betend sprechen: »Ich danke Dir, Herr Jesus Christus, daß Du mich erlöst hast und daß Dein Blut mich rein macht von aller Sünde.« Dann werden die Zweifel weichen und immer seltener auftauchen.

Sollten Sie jedoch auf diese Fragen und Zweifel eingehen und die Gewißheit der Vergebung wieder verlieren, dann rufen Sie Ihren Seelsorger zu Hilfe und sagen Sie sich in seiner Gegenwart von neuem los. Für den Fall, daß Sie keinen Menschen kennen, der Ihnen diesen seelsorgerlichen Beistand leisten könnte, verweise ich Sie auf das nun folgende Kapitel »Seelsorgerliche Hilfe«. Sie können zudem das oben für Sie vorgesehene Gebet »Herr Jesus Christus! Habe Lob und Dank ...« auch für sich durchlesen, ernstlich und hörbar, und Sie dürfen die daran anschließenden biblischen Zusagen glaubend und dankend für sich in Anspruch nehmen. Sie dürfen auf diese Weise Stärkung, Trost und Hilfe erfahren.

Eine weitere Möglichkeit zur Befreiung ist am Anfang dieses Kapitels erwähnt in dem Bekenntnis »Jesus ist Sieger«.

Seelsorgerliche Hilfe

Die wenigsten Menschen werden mit ihren Problemen allein fertig. Die meisten sind auf seelsorgerliche Hilfe und Führung angewiesen. In der Regel führt eine Aussprache zur völligen inneren Befreiung vom Druck der Schuld oder von einer Sucht, zur Lösung eines Problems oder Konfliktes. Sollten Sie vielleicht auch in der Lage sein, wo Sie allein nicht weiterkommen, wo Sie trotz allem Bitten um Vergebung weiterhin von Schuldgefühlen bedrückt werden, dann sprechen Sie sich doch aus und lassen Sie sich in der Seelsorge helfen! Sie haben gewiß starke Hemmungen, sich vor einem Menschen auszusprechen. Aber bedenken Sie: Auch der Seelsorger ist ein sündiger Mensch und hat die Vergebung ebenso nötig wie Sie. Er wird Sie deshalb brüderlich und freundlich anhören und mit dem Zuspruch und Trost erquicken, welchen Sie dringend brauchen.

Seit etlichen Jahren besteht noch eine weitere Möglichkeit, sich auszusprechen – vor einem Seelsorger, der Sie nicht kennt, ja der Sie nicht einmal sieht und dem Sie auch nicht Ihren Namen zu nenen brauchen. Es handelt sich dabei um die TELEFONSEELSORGE, die unter der Bezeichnung »Die dargebotene Hand« über folgende Telefon-Nummern erreicht werden kann: Zürich (01–26 20 00), Winterthur (052–29 11 11), St. Gallen (071–23 14 14), Aarau (064–22 88 88), Graubünden, Seewis (081–52 13 77) und Bern (031–23 12 23). Stellen Sie eine dieser Nummern ein und sprechen Sie sich rückhaltlos aus. Sie können der absoluten Verschwiegenheit gewiß sein und werden dadurch den benötigten Zuspruch, Trost oder Ratschlag erhalten und Christi wunderbare Vergebung und Befreiung erfahren. Greifen Sie doch zu und lassen Sie sich helfen. Dann dürfen Sie Ihre Last loswerden.

Sollten Sie aber auch dann noch nicht die volle Befreiung erleben, dann überlegen Sie sich ernstlich, ob Sie noch etwas bekennen sollten oder ob Sie etwas wieder gutzumachen haben, z. B. einen Diebstahl, Betrug, Meineid, eine Verleumdung oder etwas anderes, über dem Ihnen

Gott keine Ruhe läßt. Und dann tun Sie, was er Sie noch tun heißt.

Sollten Sie eine seelsorgerliche Aussprache benötigen, aber keinen Seelsorger kennen, der Ihnen den nötigen Beistand leisten könnte, dann dürfen Sie sich an den Evangeliums-Rundfunk in Wetzlar wenden mit der Bitte, er möchte Ihnen einen in Ihrer Nähe wohnhaften Seelsorger vermitteln. Dem Evangeliumsrundfunk stehen zahlreiche erfahrene Seelsorger zur Verfügung, die über ganz Deutschland, Österreich und die Schweiz verteilt sind und gerne ihre Hilfe leihen. Adressieren Sie Ihren Brief wie folgt: Evangeliums-Rundfunk Wetzlar, Vertraulich, 633 Wetzlar, Postfach 1444, Deutschland. Mit dem Vermerk »Vertraulich« wird der Brief direkt und ungeöffnet an den Seelsorger weitergeleitet.

Vielleicht ist es Ihnen bewußt, daß Sie gewissen Sünden vor einem Menschen bekennen sollten. Sie bringen jedoch den Mut nicht auf, persönlich jemanden aufzusuchen und sich vor ihm auszusprechen. In diesem Fall dürfen Sie es auch schriftlich einem Seelsorger bekennen, indem Sie den Brief mit Ihrem vollen, deutlich lesbaren Namen und Ihrer genauen Anschrift versehen absenden. (Fügen Sie auch die Bitte bei, daß er den Brief vernichten möge!) Wenn Sie darin von all dem nichts verschweigen, beschönigen oder entschuldigen, was Gott Sie bekennen heißt, dann dürfen Sie die biblischen und d. h. die göttlichen Zusagen glaubend und dankend für sich in Anspruch nehmen, welche Sie oben gelesen haben, nämlich Kolosser 1, 12; Jesaja 43, 1. 25; 1, 18; 1. Johannes 1, 7–10 und Matthäus 9, 2. Dabei dürfen Sie all das auf sich selbst beziehen, indem Sie anstelle von »dich, du, dir, deine« lesen: »Mich, ich, mir, meine«.

Sobald Sie alles bekannt, Ihren Brief abgesandt haben und der Empfänger ihn gelesen hat, gelten für Sie die Worte in 1. Johannes 1, 9: »Wenn wir unsere Sünden bekennen, so ist er treu und gerecht, daß er uns die Sünden vergibt und uns von aller Untugend und Ungerechtigkeit reinigt.« Wenn Sie in herzlicher Dankbarkeit für das Sühnopfer Jesu Christi am Kreuz und im Vertrauen auf diese wunderbare Zusage zur Gewißheit der Vergebung gelangen, dann ist alles in Ordnung, sofern Sie auch den eventuell von Gott im Gewissen erhobenen Forderungen nach Versöhnung oder Wiedergutmachung Folge leisten.

Sollten Sie jedoch noch nicht zur inneren Ruhe gelangen, dann fragen Sie Gott, welche weitere Bedingung er Ihnen für sein völliges Vergeben stelle. Lassen Sie sich dabei von Gott und seinem Geist leiten, nicht von einem Gesetz. Und dann tun Sie, was Gott Sie tun heißt. Wenn es Ihnen nicht klar wird, dann tun Sie gut daran, noch mit einem seelsorgerlich befähigten Menschen darüber zu sprechen, der um den Sieg Jesu Christi über die Macht der Finsternis weiß und um seinen Schutz und Schild. Das wird insbesondere dann erforderlich sein, wenn Sie einen Zeugen benötigen, um sich in dessen Gegenwart von allen okkulten Bindungen loszusagen. Doch auch dann dürfen Sie wissen: Bekannt ist bekannt! Sie brauchen ihm nicht nochmals zu bekennen, was Sie im Brief bekannt haben.

Der Weg zur Heilung

Lassen Sie mich zunächst nochmals kurz darlegen, auf welchem Weg Sie zur Heilung gelangen können. Rufen Sie den Arzt, Jesus Christus, im Gebet zu Hilfe! Lassen

Sie sich von ihm sagen, woran es fehlt, nämlich am Frieden mit Gott. Lassen Sie seine Diagnose gelten und bekennen Sie ihm aufrichtig und demütig Ihre Verfehlungen. Glauben Sie und vertrauen Sie darauf, daß Christus am Kreuz auch Ihre Sünden gesühnt, Ihre Schuld mit seinem Blut bezahlt und so Frieden geschaffen hat zwischen Gott und Ihnen. Danken Sie ihm von ganzem Herzen für seine am Kreuz vollbrachte Erlösung und Heilung und übereignen Sie ihm als Dankopfer Ihr Leben.

Falls Sie seine heilende Hilfe in Anspruch nehmen möchten, schreibe ich nachstehend ein kurzes Gebet für Sie auf, welches in Kürze all das enthält, was der himmlische Arzt uns in der Bibel verschreibt, um uns dadurch seine Hilfe schenken zu können. Diese geistigen »Medikamente« können Sie zu sich nehmen, indem Sie darum bitten und dieses kurze Gebet immer wieder betend durchlesen:

»Lieber Herr Jesus Christus! Mache mich mit Deinem Blut rein und frei von meinen Sünden! Schenke mir Deinen Heiligen Geist und durch ihn den wahren Trost und Frieden. Mache mich ganz demütig und ergeben in Deinen Willen. Hilf Du mir. Habe Lob und Dank für Deine am Kreuz vollbrachte Erlösung und Heilung und für Deinen Sieg und Schutz. Lasse mich ein treues Glied in Deiner Gemeinde werden. Ich will ganz Dir gehören!«

Eine unerläßliche Voraussetzung zur Heilung ist die völlige *Wahrhaftigkeit* vor Gott, vor sich selbst und dem Seelsorger. Nur dem Aufrichtigen läßt es der Herr gelingen (Spr. 2, 7). Nur die Wahrheit wird euch freimachen (Joh. 8, 32). Das trifft in verschiedener Hinsicht zu. Auch bei einer körperlichen Erkrankung kann nur die Kenntnis der wirklichen Krankheitsursache zur Heilung führen. Der Arzt kann dann helfen, wenn er die Wahrheit über die Krankheit kennt – und hier ist er auch auf die ehrlichen Aussagen seines Patienten angewiesen, der genau sagen muß, wo es ihm weh tut und wo nicht. Bei einer unrichtigen Diagnose könnte der Arzt falsche Medikamente verschreiben, eine verfehlte Behandlung anordnen oder gar an der falschen Stelle operieren und dadurch dem Kranken weit mehr schaden als nützen. Der kranke Körper würde dadurch entscheidend geschwächt und wäre noch weniger imstande, sich der Krankheit zu erwehren.

Jesus Christus, der Arzt, kennt die Ursache Ihrer Erkrankung genau und nennt sie Ihnen. Sie liegt in der Auflehnung, im Ungehorsam gegen Gott, wodurch wir Menschen den Frieden mit Gott zerstört haben, und zwar nicht schicksalhaft, weil es so kommen mußte, sondern durch unsere Schuld.

Diese Wahrheit gilt es ganz ehrlich zu erkennen und zu bekennen, ohne irgend etwas zu beschönigen. Wir müssen uns vor diesem Arzt offen aussprechen und uns in aufrichtiger Reue vor ihm beugen. Dann kann er uns helfen. Jesu heilendes Wort, seine Macht, Gnade und Liebe reichen in jede Tiefe des menschlichen Unterbewußtseins und bringen alles zurecht, was wir dorthin abgeschoben und verdrängt haben, sofern wir ihm ganz ehrlich in alles Einblick und Eingang gewähren.

Dauerhafte Genesung

Es gilt aber auch nachher, ganz aufrichtig vor Gott zu sein. Die Unaufrichtigkeit hätte verheerende Folgen, indem sie von Gott, von Christus trennt und wegführt und damit auch von seinem Frieden. Lassen Sie es nicht wieder soweit kommen!

Lassen Sie aber auch nicht mehr an der göttlichen Wahrheit rütteln, welche Ihnen in der Bibel geoffenbart ist. Lassen Sie Ihre Aussagen gelten und wegleitend für Sie sein, selbst wenn sie Ihnen unbequem sein mögen.

Eine weitere Bedingung für eine dauerhafte Genesung der Seele besteht darin, daß Sie eine gewisse Diät einhalten. So wie viele Menschen nach der Genesung von einer körperlichen Krankheit auf ärztliche Anweisung hin auf verschiedene Speisen verzichten müssen, wenn sie ihre Gesundheit nicht gefährden wollen, so sind diejenigen, welche von ihren seelischen Leiden genesen durften und keinen Rückfall erleiden wollen, ebenfalls auf Diät angewiesen. Sie müssen alles meiden, was dem Arzt, Jesus Christus, nicht gefällt, und Sie sollten sich bei allem fragen: »Was würde Jesus dazu sagen?« Die Antwort darauf werden Sie am ehesten erkennen können, wenn Sie sein Wort lesen, hören, beherzigen und befolgen.

Fragen Sie daher bei allem, was Sie vorhaben: »Würde Christus das auch sagen oder tun, was ich plane? Würde er das mitansehen und mitanhören, was ich hören und sehen möchte? Würde er sich an dem Ort und in dem Kreis wohlfühlen, wo ich hinzugehen gedenke?« Falls Sie ein klares Ja darauf geben können, dann wohlan! Wenn Sie jedoch im Zweifel sind oder gar ein Nein vernehmen, dann gehen Sie nicht hin! Verzichten Sie entschieden auf jede derartige Information! Sonst riskieren Sie, daß Jesus Christus, auf dessen Nähe Sie so dringend angewiesen sind und bleiben, von Ihnen weicht, Sie verläßt. Allzuoft ist es leider schon geschehen, daß Menschen die wunderbaren Gaben Christi, seine Gnade und Liebe, seinen Trost und Frieden verloren, weil sie diese große Gefahr nicht ernst nahmen. Jesus Christus ist nämlich nicht verpflichtet oder gewillt, uns überall hin zu folgen, wo wir hingehen möchten. Er sagt nicht: Ich folge dir nach! sondern er schärft uns unmißverständlich ein: Folge du mir nach! Beachten Sie das stets, indem Sie vor allem ihn fragen: »Was sagst Du dazu? Was willst Du, das ich tun soll?« So dürfen Sie in der großen, beglückenden Freude bleiben, welche Christus Ihnen schenken will, währenddem Sie sonst alles wieder verlieren.

Da die Heilung der Seele zugleich auch die Heilung der seelisch bedingten, körperlichen Leiden nach sich ziehen und den nervösen Störungen ein Ende setzen kann, empfiehlt es sich, Sorge zu tragen und alles Schädliche zu vermeiden. Hier ist die Devise am Platze, daß die Gesundheit über alles geht, weil es um die Genesung des ganzen Menschen geht, nicht bloß um die Heilung des Leibes.

Dabei dürfte es auch Ihnen bewußt sein, daß eine Wunde nur dann heilt, wenn sie von allem Schmutz gereinigt ist. Andernfalls bildet sich Eiter – auch wenn sie mit Salbe überstrichen und mit sauberem Verbandstoff umwickelt wird. Bei seelischen Wunden verhält es sich ähnlich. Auch hier muß zunächst all das entfernt werden, was sie verunreinigt, nämlich alles unerlaubte oder unsaubere Handeln, Reden, Denken und Begehren, alles, was im Widerspruch zu Gottes Gebot und Willen steht; Menschen mögen es Ihnen zwar ausreden, indem sie all das als menschlich, begreiflich und sauber hinstellen, aber lassen Sie sich dadurch nicht beirren, sondern richten Sie sich nur nach dem, was der Arzt sagt, nach der biblischen Wahrheit also. Nur diese Wahrheit wird Sie freimachen, wird zur Heilung führen können, währenddem die Unwahrheit die Genesung verunmöglicht und die Krankheit verschlimmert.

Geben Sie darum der göttlichen, biblischen Wahrheit die Ehre, indem Sie alle Unsauberkeit in Ihrem Denken, Reden und Handeln, allen Ungehorsam gegen Gott bereuen, bekennen und vor Jesus Christus darlegen mit der Bitte, daß er Sie mit seinem Blut reinigen möge, denn das Blut Jesu Christi, des Sohnes Gottes, macht Sie rein von aller Sünde (1. Joh. 1, 7). Bitten Sie Jesus täglich und anhaltend darum! Dann reinigt er die Wunde und erhält sie rein, so daß sie wirklich ausheilt. Die Heilkraft seiner Vergebung verhilft Ihnen zu dem beglückenden Frieden, der alles menschliche Verstehen und Vorstellungsvermögen weit übersteigt (Phil. 4, 7).

Seelsorge am Mitmenschen

Wenn Sie Gottes Gnade an sich erfahren dürfen, wenn Sie um den Sieg und Schutz Jesu Christi wissen, dann wird es Ihre Aufgabe sein, andern davon zu erzählen und sie auf Jesus Christus als ihren Erlöser und Herrn hinzuweisen. Da taucht dann die Frage auf: Zu wem soll ich gehen? Die Antwort lautet: Zu den durch ein Leiden oder eine Not Heimgesuchten. Doch deren Zahl ist so groß, daß Sie unmöglich alle auf einmal besuchen können, sondern nur eines nach dem andern.

Lassen Sie sich darum von Gott führen! Bitten Sie ihn, er möge Ihnen den Menschen in den Sinn kommen lassen, welchen Sie zuerst besuchen sollen. Gott allein weiß ja bei jedem, wie weit er innerlich ist, ob er für seine

Wahrheit empfänglich ist. Dann beten Sie für den Betreffenden und gehorchen Sie, gehen Sie hin – und Sie werden es erleben, wie wunderbar Gott führt.

Hernach wird Gott Ihnen den nächsten Menschen zeigen, den Sie besuchen dürfen – und danach den dritten. So führt Gott Schritt für Schritt. Sie können sich in aller Ruhe führen lassen, ohne in ein unruhiges Hin und Her zu geraten durch die ständige Frage: Soll ich jetzt dahin oder besser dorthin gehen? – Gott will und wird Sie führen, der die Herzen und Gedanken kennt.

Falls Ihnen das Führen eines solchen Gesprächs schwerfallen sollte, dann können Sie die Schallplatte oder Tonbandkassette benützen, die auf der letzten Seite erwähnt werden. Sie enthalten das evangelistische Gespräch, das von mehreren schönen Liedern unterbrochen und wirkungsvoll untermalt wird. Sie können jeweils eine solche auf den Besuch mitnehmen und auf dem mitgebrachten Plattenspieler oder Kassetten-Rekorder Ihrem Gesprächspartner zu Gehör bringen.

Wenn der Hörer danach den Willen zu erkennen gibt, weitergeführt zu werden und Hilfe in seinen seelsorgerlichen Problemen zu erlangen, dann können Sie ihm diese Schrift anbieten und ihn besonders auf die Kapitel »Suchtartige Bindungen«, »Okkultismus«, »Befreiung« und »Seelsorgerliche Hilfe« hinweisen. Über diese vier Themen gibt auch die Schrift »Glaubenshindernisse« ausführlich Aufschluß. Sagen Sie ihm zudem, daß Sie ihn wieder besuchen möchten, sobald er die Schrift gelesen habe.

Sie können ihm den Inhalt auch darlegen oder vorlesen. Dabei empfiehlt es sich, das Kapitel »Okkultismus« auf eine eigene Tonbandkassette zu sprechen und es dem Gesprächspartner so zu Gehör zu bringen. Seien Sie dann aber auch bereit für ein seelsorgerliches Gespräch und für die Beantwortung von Fragen. Sie müssen sich jedoch im klaren darüber sein, daß Sie dabei Kampfgebiet betreten. Begeben Sie sich darum zuvor immer betend unter den Schutz Jesu Christi, des Siegers, und danken Sie ihm, daß er Ihr Hort, Ihr Schild und Ihre Burg ist, der Sie mit seinem Blut beschützt (1. Petr. 1, 2; Hebr. 12, 24; Offb. 12, 11). Wir haben nämlich nicht mit Fleisch und Blut zu kämpfen, sondern mit Fürsten und Gewaltigen, nämlich mit den Herren der Welt, die in der Finsternis dieser Welt herrschen, mit den bösen Geistern unter dem Himmel (Eph. 6, 12).

Diese Mächte sind aber von Jesus Christus besiegt worden in seinem Sterben und Auferstehen. Sie haben daher nichts zu fürchten, wenn Sie sich unter seinen Schutz stellen und um seinen Beistand bitten. Im Vertrauen auf Christus, den Sieger, ergreifen Sie den Harnisch Gottes, mit dem Sie alles wohl ausrichten und das Feld behalten können.

Zudem rate ich Ihnen dringend, nicht allein in diesen Kampf zu ziehen, sondern sich womöglich mit einem, zwei oder drei Nachfolgern Jesu zu einer Gruppe zusammenzuschließen, in der Sie sich jeden Monat einmal treffen zum gemeinsamen Gebet und Bibellesen. Auf diese Weise können Sie sich für diesen wichtigen Dienst ausrüsten und stärken lassen. So können Sie diese Aufgabe auch andauernd ausführen, währenddem Sie allein nicht durchkommen.

Eine solche Gruppe soll drei, höchstens aber fünf Personen umfassen. Sobald die Zahl der Teilnehmer auf sechs steigt, ist es angezeigt, zwei Gruppen zu bilden.

Auf diese Weise kann und darf es dann immer wieder geschehen, daß die von Ihnen besuchten Menschen am Ende Ihres Gespräches nach seelsorgerlicher Hilfe verlangen. Dann dürfen Sie ihnen diese gewähren, indem Sie ihnen zuhören und nach dem Bekenntnis ihrer Schuld die Vergebung zusprechen mit den Worten: »Wenn wir unsere Sünden bekennen, so ist Gott treu und gerecht, daß er uns die Sünden vergibt und uns von aller Untugend und Ungerechtigkeit reinigt (1. Joh. 1, 9). Seien Sie getrost, Ihre Sünden sind Ihnen vergeben! (Matth. 9, 2).«

Wenn bei Ihrem Gesprächspartner kein Hader gegen Gott und keine Unversöhnlichkeit gegenüber anderen Menschen besteht, dann können Sie ihn auffordern, sich im Gebet Jesus Christus zu übereignen mit den folgenden Worten:

»Herr Jesus Christus! Hiemit übergebe ich mich und mein ganzes Leben nach Geist, Seele und Leib dir. Ich will für Zeit und Ewigkeit dein Eigentum sein. Ich danke dir von Herzen, daß du mich am Kreuz von aller Schuld erlöst hast und daß dein Blut mich rein macht von aller Sünde. Amen.«

Sollte die Gewißheit der Vergebung auch nach diesem Gebet ausbleiben, dann überreichen oder vermitteln Sie ihm diese Schrift »Seelsorge an sich selbst«, damit er sich über die Ursache seiner Not und die von ihm benötigte Hilfe klarwerden kann. Empfehlen Sie ihm zudem, die Sendungen des Evangeliumrundfunks anzuhören, von denen in einem folgenden Kapitel unter der Überschrift »Radio-Andachten« noch Näheres mitgeteilt wird. Auch die im unmittelbar daran anschließenden Abschnitt über das »Gebet« befindlichen Hinweise könnten für ihn hilfreich sein.

Für den Fall, daß Ihr Gesprächspartner Ihnen seine Sünden bekennt, möchte ich Sie an das Wort Jesu erinnern: »Mein Joch ist sanft und meine Last ist leicht.« Demnach sollen Sie sich hüten, ihm eine schwere Last aufzubürden. Sagen Sie ihm vielmehr die Vergebung zu (1. Joh. 1, 9). Ermuntern Sie ihn, Jesus unablässig dafür zu danken, daß er ihn am Kreuz von aller Schuld erlöst hat und daß sein Blut ihn rein macht von aller Sünde. Ermahnen Sie ihn aber zugleich zum Gehorsam oder Wiedergutmachung. Gott kann ihm da wohl auch eine Last oder Forderung auflegen, aber er hilft ihm dann auch und führt es herrlich hinaus. Er läßt es wunderbar gelingen und nimmt die Last ganz weg, wenn er Gehorsam findet.

Verhalten Sie sich auch so im Blick auf Ihnen bekannte Sünden. Verlangen Sie nicht von sich oder von Ihrer Meinung aus, daß er es noch vor diesem oder jenem Menschen bekenne, denn dadurch ist schon vielen eine Last aufgebürdet worden, die ihr Ehe- oder Familienleben zur Hölle machte infolge der ständigen Vorwürfe und Anklagen durch den Ehegatten oder die Angehörigen. Das kann jedoch kaum der Wille des barmherzigen Gottes sein, der unserer Sünden nicht mehr gedenken, geschweige denn davon reden oder sie uns vorhalten will. Er will den bußfertigen Sünder gewiß nicht den Beschimpfungen durch unbußfertige Angehörige aussetzen und ebenso wenig möchte er deren Gemüt damit belasten und deren Vertrauen zerstören lassen. Wo er solche Belastungen voraussieht, wird er die volle Vergebung und Ruhe auf das Bekenntnis vor dem Seelsorger hin schenken. Wo er jedoch die Ruhe in seiner Gnade nicht gewährt, wird er wohl auch das Bekenntnis vor dem Ehegatten oder einem Angehörigen fordern, weil er weiß, daß die Last nicht größer sein wird, als daß der Bekennende sie tragen kann und sie ganz loswerden darf. Die Last wird leicht, wenn sie von Gott auferlegt wird, sie wird aber oft untragbar schwer, wenn sie vom Gesetz oder von bloß menschlicher Logik und Überlegung aufgebürdet wird.

Vor allem und nach allem aber müssen Sie eines tun: *Schweigen*, eisern schweigen über das, was Ihnen anvertraut worden ist. Wenn Sie das nicht einhalten, dann erweisen Sie sich vor allen, die davon hören, als des Vertrauens unwürdig. Erliegen Sie also bitte nicht der teuflischen Versuchung, andern zu sagen, wie jemand Sie seines Vertrauens gewürdigt habe, um damit prahlerisch auf Ihre Vertrauenswürdigkeit hinzuweisen. Sie würden damit nur jedermann beweisen und zeigen, daß Sie des Vertrauens nicht würdig sind.

Sie würden damit auch eine schwere Schuld vor Gott und dem Menschen auf sich laden, der Ihnen ein solch großes Vertrauen entgegengebracht hat. Sie könnten seiner Seele unermeßlichen Schaden zufügen, indem Sie ihm Anlaß geben, in seiner bitteren Enttäuschung auch das Vertrauen zu Gott und seinem Sohne wegzuwerfen. Prüfen Sie sich also ernstlich: Kann und werde ich strikte schweigen? Wenn ja, dann dürfen Sie diesen seelsorgerlichen Dienst leisten. Wenn nein, dann sind Sie untauglich dazu, weil dadurch unabsehbarer Schaden entstünde. In diesem Fall sollten Sie dem Hilfebedürftigen einen erfahrenen Seelsorger vermitteln.

Noch etwas ist zu sagen, wenn Sie zur Seelsorge am Mitmenschen bereit sind. Sie können diesen Dienst nur dann in fruchtbarer Weise tun, wenn Sie ernstmachen mit der Seelsorge an sich selbst. Je mehr Sie hierin voranschreiten, um so eher werden Sie in der Lage sein, andere zu betreuen. Diesen wichtigen Dienst können Sie nämlich nur dann segensreich tun, wenn Sie als ein wirklicher *Diener* aus der Demut heraus, unter Verzicht auf die eigene Ehre und Geltung und im festen Vertrauen auf den Sieg und Schutz Jesu Christi andern dienen, zur alleinigen Ehre Ihres Herrn. Darin liegt das Geheimnis und die Voraussetzung zu hilfreicher Seelsorge.

Unter den Krankheiten nehmen die Schwermut und die Hysterie einen geraumen Platz ein. Hier handelt es sich um Leiden, deren Bekämpfung besondere Kenntnisse und Gaben und vor allem starke Nerven erheischt und die daher nicht jedermanns Aufgabe sein kann. Wer hier ohne die notwendige geistige und geistliche Kenntnis und Ausrüstung, nur aus Mitleid, im Gespräch, im Gebet und Fürbitte zu helfen versucht, wird nichts erreichen. Ja, er wird, anstatt zu helfen, weit eher zusätzliche Not verursachen durch ungeschickte Worte und Redensarten, selbst wenn er es gut meint. Er läuft zudem Gefahr, an sich selbst schweren Schaden zu nehmen und selbst der Schwermut zu verfallen, wofür es leider verschiedene Beispiele gibt.

Wenn Sie in solchen Krankheiten eine echte Hilfe vermitteln wollen, dann können Sie dies auf folgende Weise tun: Überreichen Sie ihnen diese Schrift »Seelsorge an sich selbst«. Darin sind etliche, wenn auch nicht alle Wurzeln aufgezeigt, aus denen die Schwermut und Hysterie entstehen können sowie die Möglichkeiten, sie unschädlich zu machen. Dadurch kann dem Kranken schon eine wesentliche Erleichterung und Hilfe zuteil werden. Es ist aber zu bedenken, daß die Schwermut auch auf einem körperlichen, organischen Vorgang oder Schaden beruhen kann (Schwangerschaft, Wechseljahre, Basedow usf.) sowie auf Vererbung. Geben Sie ihnen auch die schon erwähnte Schallplatte oder Tonbandkassette zu Gehör.

Eine weitere Hilfsmöglichkeit besteht darin, daß Sie diese Kranken auf einen Arzt hinweisen oder auf einen bewährten Seelsorger, der über die nötige Erfahrung verfügt, um ihnen in der Aussprache und Fürbitte zu helfen.

Sie selbst jedoch tun gut daran, solange von einer persönlichen Hilfeleistung in Aussprache und Fürbitte abzusehen, als Ihnen die oben erwähnten Voraussetzungen fehlen, und als Sie nicht von Gott selbst den klaren Auftrag bekommen, einen solchen Kranken seelsorgerlich zu betreuen. Vorher können Sie nämlich ihm und sich selbst nicht nützen, sondern nur schaden. Lassen Sie sich also nur von Gott leiten und nicht vom bloßen Mitleid. Letzteres wäre ebenso gefährlich, wie wenn ein des Schwimmens Unkundiger sich ins Wasser stürzt, um einen Ertrinkenden zu retten. Das gilt ganz besonders auch im Blick auf Geisteskrankheiten.

Freude

Viele aktive Christen lassen die Freude vermissen, welche ihr Herr ihnen schenken will und zugleich auch von ihnen erwartet und fordert. »Evangelium« heißt ja »Frohe Botschaft« und macht jeden froh, der glaubend darauf eingeht. Dementsprechend häufen sich auch die Aufforderungen zur Freude. Jesus Christus selbst erhebt sie und sagt: »Solches rede ich zu euch, damit meine Freude in euch bleibe und eure Freude vollkommen werde« (Joh. 15, 11). »Euer Herz soll sich freuen, und eure Freude soll niemand von euch nehmen« (Joh. 16, 22).

»Eure Traurigkeit soll in Freude verwandelt werden« (Joh. 16, 20).

Der Apostel Paulus schreibt aus dem Gefängnis an die Philipper: »Und ob ich auch geopfert werde bei dem Opfer und Gottesdienst eures Glaubens, so freue ich mich mit euch allen. Dessen sollt ihr euch auch freuen und sollt euch mit mir freuen« (Phil. 2, 17). »Freuet euch in dem Herrn allewege, und abermals sage ich: Freut euch!« (Phil. 4, 4). »Weiter liebe Brüder, freuet euch!« (Phil. 3, 1).

Der Apostel Petrus richtet folgende Worte an verfolgte, leidende Christen: »Nun glaubt ihr an ihn, Jesus Christus, wiewohl ihr ihn nicht seht, und freuet euch mit unaussprechlicher und herrlicher Freude« (1. Petr. 1, 8). »Darüber, d. h. über das himmlische Erbe, freuet euch, die ihr jetzt eine kleine Zeit, wenn es sein soll, traurig seid in mancherlei Anfechtungen« (1. Petr. 1, 6).

Diese Worte aus dem Munde Jesu Christi und diejenigen, welche Paulus im Gefängnis zu Rom schrieb und die Petrus an verfolgte und leidende Christen richtete, geben uns zu denken. Wenn wir sie nämlich nicht befolgen oder befolgen können, kommt das einem Ungehorsam gleich, den wir nicht anstehen lassen dürfen.

Die Unfähigkeit, dieser Aufforderung nachzuleben, wird allerdings dort stark beeinträchtigt sein, wo ein Christ unter einer Gemütskrankheit, einer langandauernden körperlichen Krankheit oder Arbeitsunfähigkeit, unter heftigen Schmerzen oder der Trauer um einen lieben Angehörigen, unter beruflichen, sozialen oder finanziellen Schwierigkeiten, unter ehelichen oder familiären Nöten oder unter zwischenmenschlichen Spannungen zu leiden hat.

Und doch gibt es genügend Beispiele dafür, daß Jesus Christus eine tiefe, stille Freude und Getrostheit schenkt und ein tröstliches Wissen darum, daß denen, die Gott lieben, alle Dinge zum Besten dienen. Damit erfolgt im Innern des Menschen bereits eine Wendung zum Guten, ja zum Besten. Da bekommt alles ein anderes Aussehen. Da weiß sich auch der Leidende in der Liebe und Treue Gottes geborgen – und ist somit weit besser dran als zuvor. Das will und kann Jesus Christus schenken.

Diese Freude lebt vom Sieg Jesu über alles, was Sie traurig macht. »Evangelium« heißt ja: Siegesbotschaft. Und eine solche macht unendlich froh. Wenn in alter Zeit ein Krieg sich seinem sieghaften Ende zuneigte, dann eilte ein Bote in die heimatliche Stadt, um dieser die Nachricht vom Sieg über die Feinde zu bringen. Daheim warteten die Frauen, Kinder und Greise angstvoll auf den Ausgang des Kampfes. Sie wußten, daß die nächsten Stunden über ihr Schicksal entschieden. Siegte das eigene Heer, dann war ihnen das Leben neu geschenkt. Darum gönnte sich der Siegesbote keine Ruhe, bis er die Stadt erreichte und der ängstlich wartenden Menge zurufen konnte: »Freuet euch, wir siegen.« Mit dieser Botschaft hatte sich für alle, die sie hörten, die Situation mit einem Schlage zum Guten verändert. Die Angst war vorbei – alle brachen in unbeschreiblichen Jubel aus.

Das Evangelium von Jesus Christus ist die Nachricht von seinem überwältigenden, unerschütterlichen und auch heute erfahrbaren Sieg über die ängstigende, knechtende Macht der Finsternis, welche dort ihre Herrschaft ausübt, wo dem Worte Gottes kein Glaube geschenkt wird, wo man den Sieg Jesu Christi noch nicht in Anspruch nimmt, noch nicht darauf vertraut. Dieser Glaube ist ja der Sieg, der die Welt überwunden hat und überwindet (1. Joh. 5, 4). Auch Sie dürfen sich im Glauben einreihen in die große Schar derer, welche vom Sieg Jesu Christi leben und getragen werden.

Satan erträgt viel und steckt viele Hiebe ein, wenn er eine Position behalten will. Aber eines erträgt er nicht: Wenn ein Mensch den Sieg Jesu bekennt und ausruft, wenn er seinen Besieger rühmt mit den Worten: Jesus ist Sieger! Das hält er nicht aus. Da flieht er. Das kann er nicht mitanhören, sowie es ein Mensch auch nicht erträgt, wenn jemand seinen Feind und dessen Sieg rühmt.

Wie verhält es sich bei Ihnen, lieber Leser? Kennen Sie diese Siegesfreude? Zweifellos würden Sie sich gerne damit beschenken lassen. Sie können es aber vielleicht noch nicht fassen. Dann veranlaßt Sie das zu ernsthafter Selbstprüfung und zu der Frage, woran das wohl liegen könnte. Vielleicht sind Sie beim Lesen dieser Schrift auf die eine oder andere Ursache gestoßen. Vielfach liegt der Grund für die Freudlosigkeit darin, daß versäumt wird, anderen Menschen Freude zu bereiten.

Bereiten Sie nach Möglichkeit anderen Freude, indem Sie Kranke besuchen, sich invalider oder einsamer Menschen annehmen. Damit spenden Sie ihnen und sich selbst viel Freude.

Tägliche Bibellese

Ein Körper, der infolge einer Verwundung oder Krankheit geschwächt ist, benötigt zur Genesung und Erstarkung Nahrung. Deshalb legt jeder Arzt großen Wert darauf, daß der Patient ißt. Das gleiche trifft zu für die erkrankte Seele. Um zu genesen und zu erstarken, bedarf sie der Nahrung, d. h. des Wortes Gottes, das Sie in der Bibel, in der Predigt oder Bibelstunde vernehmen. Wird ihr diese Speise vorenthalten oder nicht regelmäßig zugeführt, dann schwächt sie ab und wird anfällig für erneute Erkrankungen. Jesus Christus sagt in Matthäus 4, 4: »Der Mensch lebt nicht vom Brot allein, sondern von einem jeden Wort, das durch den Mund Gottes geht.«

Deshalb bildet eine geistige Appetitlosigkeit ebenso Anlaß zur Beunruhigung, wie die körperliche. Wenn das Bedürfnis nach dem Worte Gottes nachläßt, dann ist die gleiche Besorgnis am Platze, wie wenn der Appetit aussetzt. Dann merken wir, daß mit unserer Gesundheit etwas nicht stimmt, und wir suchen den Arzt auf. Auch das fehlende Verlangen nach Gottes Wort ist ein Zeichen dafür, daß der innere Mensch erkrankt ist; denn so wie der gesunde Leib nicht nur alle Vierteljahre einmal, sondern regelmäßig jeden Tag morgens, mittags und abends nach Nahrung verlangt, um bei Kräften zu bleiben, so braucht auch die Seele regelmäßig ihre Speise durch das tägliche Lesen der Bibel und durch das gemeinsame Hören von Gottes Wort.

Dabei ist es zunächst sehr wichtig, Jesus Christus, den großen Arzt kennenzulernen, indem Sie zunächst das Johannes-Evangelium fortlaufend lesen, danach das Lukas-Evangelium, die Apostelgeschichte und hierauf vielleicht den Philipper- und die Johannes-Briefe. Eine wesentliche Hilfe, um den ganzen Reichtum der Heiligen Schrift kennenzulernen, finden Sie im »Bibellesebund«, der für jeden Tag einen Bibelabschnitt angibt mitsamt der Erklärung. Er kostet zur Zeit jährlich Fr 5.– und kann bestellt werden bei folgender Adresse: Schweiz: Bibellesebund, Römerstraße 151, 8404 Winterthur; Deutschland: Bibellesebund, In der Fleute 33, 56 Wuppertal 22, Postfach 220151.

Auch der Abreißkalender enthält für jeden Tag ein Wort mit der Auslegung und gibt zudem einen Bibelabschnitt an. Daneben gibt es wertvolle Andachtsbücher mit einer Wortbetrachtung für jeden Tag. Sie sind in jeder christlichen Buchhandlung erhältlich.

Versäumen Sie aber darüber nicht das gemeinsame Hören von Gottes Wort! Vielleicht stellt sich Ihnen da noch ein Hindernis in den Weg, wenn Sie auf jene Predigtgänger schauen, die durch ihren Wandel Anstoß erregen, und Sie denken: »Wenn diese zum Gottesdienst gehen, die nicht besser, sondern eher schlechter sind als die andern Leute, dann gehe ich nicht hin!« Dieses Argument ist verständlich, aber vergessen Sie nicht, daß diese fehlerhaften Predigtbesucher gerade deshalb die zurechtweisende Wahrheit des göttlichen Wortes und auch das Evangelium von der Gnade Gottes nötig haben, wie wir alle, wie Sie auch.

Sie schrecken doch auch nicht davor zurück, im selben Lebensmittelgeschäft einzukaufen wie diese Menschen. Da sagen Sie nicht: »Wenn diese und jene hier ihre Einkäufe tätigen, kaufe ich nichts mehr ein.« Dabei wird in den Läden aus reinem Geschäftsinteresse den Leuten nicht in der Weise die Wahrheit gesagt wie in der Predigt von Gottes Wort. – Tragen Sie darum, ohne auf andere Menschen zu schauen, der dringenden Notwendigkeit Rechnung, Ihrer Seele ebenso wie Ihrem Leib die erforderliche Nahrung zuzuführen, indem Sie Gottes Wort lesen und hören. Hören Sie es nicht nur allein, sondern gemeinsam mit Ihren Mitchristen.

Vielleicht haben Sie noch einen weiteren Einwand: »Ich möchte nicht aus Gewohnheit zum Gottesdienst gehen, sondern nur dann, wenn ich das Bedürfnis danach habe.« Darauf ist zu antworten, daß jeder Mensch seine Gewohnheiten hat. Es fragt sich nur, ob sie gut oder ungut sind. Der regelmäßige Gottesdienstbesuch ist zweifellos eine gute Gewohnheit. Zudem liegt ihm bestimmt ein inneres Verlangen nach Gottes Wort zugrunde, sonst würde sich kaum jemand dazu aufraffen. Lassen Sie ihn also ruhig zur sonntäglichen Gewohnheit werden.

Und im Blick auf das Bedürfnis ist zu sagen, daß ein gesunder Mensch auch nicht nur hie und da einmal ißt, wenn er den Wunsch danach hat, sondern sich gedrängt fühlt, regelmäßig dreimal zu essen. Wenn dieses Verlangen aussetzt, dann deutet das auf eine Erkrankung hin. Bei der Seele verhält es sich nicht anders. Im gesunden Zustand hat sie das dringende Bedürfnis, regelmäßig zu essen. Tritt jedoch dieses Bedürfnis nur hie und da ein, dann ist das ein Anlaß zu ernster Besorgnis und nicht zur Beruhigung.

Radio-Andachten

Zahlreiche Leute hören mit viel Gewinn und Freude den Evangeliumsrundfunk, der täglich fünfmal über Radio Monte Carlo seine mit schönen Liedern umrahmten Andachten ausstrahlt, und zwar zur Zeit auf Mittelwelle (205m = 1466kHz = 14 MHz) um 5.45–6.15 Uhr und um 21.30–22.00 Uhr. Die weiteren Sendungen sind zu hören auf der Kurzwelle im 41-m-Band oder bei der Zahl 7 MHz in der Skala K bzw. KW, S, SW oder OC. Diese Programme hören Sie um 10.05,

12.05 und 15.30 Uhr täglich. Um 10.05 und 15.30 Uhr sind sie zudem im 49-m-Band oder bei der Zahl 6 MHz zu empfangen.

Zum Kurzwellenempfang ist eine Antenne erforderlich. Dabei genügt auch eine Wurfantenne, bestehend aus Bananenstecker und zwei Meter langem Kupferlitzendraht.

Falls Sie die Sendung von sich aus nicht finden, dann ziehen Sie doch einen Radiofachmann bei oder schreiben Sie an den »Evangeliumsrundfunk, 633 Wetzlar«. Er wird einen Radiohelfer, der in Ihrer Nähe wohnt, bitten, bei Ihnen vorbeizukommen und die Sendung einzustellen. Daselbst können Sie auch die monatliche Programmvorschau bestellen. Sie wird Ihnen gerne zugeschickt.

Falls Sie einen Radio-Fachmann beiziehen möchten, dann empfehle ich Ihnen, diesen unter Mitnahme Ihres Radioapparates aufzusuchen oder ihn ins Haus zu bitten, und zwar auf die Zeit, da die Kurzwellensendung im Gange ist, nämlich zwischen 10.05 und 10.20 Uhr oder zwischen 15.30 und 15.55 Uhr. Nennen Sie ihm zudem die genauen Frequenzen, d. h. 7,2 Megahertz (MHz) für das 41-m-Band und 5,9 Megahertz für das 49-m-Band. Dann wird er Ihnen die Sendung suchen und einstellen können. Diese Mühe wird sich für Sie reichlich lohnen.

Durch die Bibellese und das Hören der Predigt oder der Radioandachten bleiben Sie zugleich unter der dringend nötigen ärztlichen Kontrolle und erhalten fortwährend die unerläßlichen Anweisungen des himmlischen Arztes, die Sie befolgen müssen, wenn Sie nicht einen gefährlichen Rückfall erleiden wollen. Auch zahlreiche körperliche Kranke sind nach ihrer Genesung auf ständige ärztliche Kontrolle angewiesen, wenn sie einer Wiederholung ihrer Krankheit vorbeugen wollen.

Das Gebet

Das Hören auf Gott und sein Wort ist zugleich die Voraussetzung für ein fruchtbares Beten. Wie wollen Sie denn erwarten, daß Gott auf Sie hört, währenddem Sie nicht auf ihn hören? Wie wollen Sie verlangen, daß er Ihre Bitten erhöre, solange Sie seine Worte nicht beherzigen? Hören Sie darum auf ihn und versuchen Sie ernstlich, das zu tun, was er Ihnen sagt! Dann wird Gott auch auf Sie hören und viel eher tun, was Sie ihm sagen.

Das Gebet ist nur dann sinnvoll, wenn es ein Zwiegespräch zwischen uns Menschen und Gott ist, wobei wir auf Gott hören und mit ihm reden. Nur wenn das geschieht, befinden wir uns in seiner Nähe, in der Gemeinschaft mit Gott. Wo es unterbleibt, kommen wir von ihm und seinem Sohne weg. Wenn zwei Menschen nicht mehr miteinander reden oder nicht mehr aufeinander hören, sind sie weit voneinander entfernt, selbst wenn sie in der gleichen Wohnung beisammen sind.

Das tägliche Gebet ist noch aus einem weiteren Grund unerläßlich. Das Beten ist zu vergleichen mit dem Atemholen der Seele. So wie der Leib zum Leben und Gedeihen nicht bloß Nahrung zu sich nehmen muß, sondern auch Sauerstoff, so benötigt auch die Seele neben der Speise, neben dem Worte Gottes unbedingt das Atmen, das tägliche Gebet. Sonst wird sie ersticken.

Im Gebet können Sie sich auch »Luft verschaffen«, indem Sie aus allem, aus Ihren Nöten, Problemen, Sorgen, Leiden, Ängsten und Fragen ein Gebet machen. Dann machen Sie das Beste daraus. Sie anvertrauen es dem Gott, der alles wohl macht, wie es im Psalm 37, 5 auch Ihnen verheißen wird: »Befiehl dem Herrn deine Wege und hoffe auf ihn, er wird es wohl machen.«

Bedenken Sie jedoch und rechnen Sie damit, seien Sie einverstanden damit, daß Gott alle Ihre Bitten durch das Sieb seiner Weisheit und Treue, seiner Voraussicht und Einsicht, seiner helfenden, bewahrenden und erziehenden Liebe gehen läßt, wo alle Ihre Wünsche und Bitten gesiebt werden und wo all das hängen bleibt, was seinem heiligen und guten Willen widerspricht, was ihm nicht gefällt, was Ihnen aufs letzte gesehen mehr schaden als nützen würde, was Sie vom Weg zum himmlischen Ziel abbringen könnte. Das alles bleibt im Siebe Gottes hängen – und da sollten Sie sich schon zuvor damit einverstanden erklären. Gott läßt nur durch, was heilsam ist. Lassen Sie doch auch *das* Ihr größtes und entscheidendes Gebetsanliegen sein, das über allen Ihren Bitten und Wünschen steht.

Daraus ergibt sich folgende trostreiche Tatsache: Gott verweigert im letzten Grund Ihre Bitten nie, sondern er will bei allem Ihr Bestes, das Wohl und Heil Ihrer Seele. Er erhört Sie also auch da, wo Ihre Bitten scheinbar unerhört bleiben. Vorderhand können Sie es zwar noch nicht sehen oder einsehen. Sie können und dürfen es aber glauben und werden es hernach einmal erfahren. Es ist eine Glaubenswahrheit, wie sie auch in der folgenden Begebenheit sichtbar wird, welche sich während des Zweiten Weltkrieges ereignet hat:

Eine in Darmstadt wohnende Frau erhielt eines Tages die Kündigung ihrer Wohnung und wurde dadurch sehr betrübt. Sie setzte alle Hebel in Bewegung, um die Kündigung rückgängig zu machen. Vergeblich! Sie betete unablässig zu Gott, daß er sie in dieser Wohnung bleiben lassen möge. Auch umsonst! Sie mußte am besagten Termin das Haus verlassen und tat das unter vielen Tränen. – Einige Wochen danach erfolgte ein Fliegerangriff auf Darmstadt. Dabei traf eine Bombe gerade das Haus, in dem diese Frau zuvor gewohnt hatte, und zerstörte es. Seine Bewohner aber kamen alle ums Leben. Jetzt wußte sie, daß Gott sie doch erhört hatte, aber anders, als sie es sich wünschte. Er gab ihr weit Besseres, als was sie wollte! Und so ist es immer. Wenn nicht geschieht, was Sie wollen und bitten, dann wird geschehen, was für Sie besser ist. Nehmen Sie diese Wahrheit mit auf Ihren Weg des Glaubens.

Doch nun fragen Sie vielleicht noch, wie Sie es denn anstellen sollen. Sie haben wohl auch schon den Versuch gemacht zu beten, haben ihn jedoch dann wieder aufgegeben, weil es Ihnen zu schwer fiel. Sie stehen mit dieser Schwierigkeit nicht allein, sondern in der großen Schar derjenigen, welche wohl beten möchten, es aber von sich aus nicht recht können. In diesem Fall möchte ich Sie aufmuntern, sich helfen und zum Beten anleiten zu lassen durch die am Schluß dieser Schrift erwähnte »Anleitung zum Beten«. Der Schreibende hat sie für die zahlreichen Mitmenschen verfaßt, die trotz allem guten Wollen mit den Gebetsschwierigkeiten nicht fertig werden. Es darf gesagt werden, daß mit ihrer Hilfe schon manche zum freudigen Beten gelangen konnten.

Sie möchte eine Stütze sein, an der man auf dem Gebetsweg gehen lernen kann, bis sie nicht mehr benötigt wird und somit beiseite gelegt werden kann. – Wenn jemand das Bein gebrochen hat, ist er jeweilen auch froh, wenn er möglichst bald dank einer Stütze wieder gehen kann, bis er sie nicht mehr benötigt. Sonst müßte er viel länger liegenbleiben und warten, bis er endlich allein gehen kann.

Unterlassen Sie also das Beten nie, so wenig wie das Atmen und versäumen Sie das Lesen und Hören von Gottes Wort nie, so wenig wie das Essen. Sie werden zwar im Blick auf das Gebet noch manche Frage haben. Die Antworten darauf versuche ich in der erwähnten Gebetsanleitung zu geben.

Gestatten Sie mir zum Schluß noch eine Bitte: Falls diese Schrift Ihnen eine entscheidende Hilfe vermitteln durfte und es Sie vielleicht drängt, dafür zu danken, dann danken Sie Gott, dem allein der Dank und die Ehre gebührt! Bedenken Sie, daß sein Segnen immer davon abhängt, daß die Ehre und der Dank ihm allein gegeben werden. Schon manches Werk, das einen gesegneten Anfang nahm, ist schließlich daran gescheitert, daß Menschen die Ehre und den Dank für sich in Anspruch nahmen. Es handelt sich hier um einen Irrweg, der von Gott und seinem Segen weg statt zu ihm hinführt. Das gleiche ist auch überall dort der Fall, wo man Menschen rühmt und verherrlicht, weil ihnen besondere Gaben verliehen sein sollen. Die Ehre gehört dem *Geber* allein, und nicht dem Begabten.

Ich bitte Sie darum, von jeglichem Dank an meine Person abzusehen. Wenn Sie sich aber trotzdem irgendwie erkenntlich zeigen möchten, dann schließen Sie mich, meine Gattin und meine Angehörigen in Ihr Gebet ein. Bitten Sie Gott, daß er uns stärken und bewahren möge. Für diesen Liebesdienst danke ich Ihnen schon im voraus ganz herzlich. Möge Gott es Ihnen mit seinem reichen Segen vergelten!